汽車・電車・市電
昭和の名古屋 鉄道風景

服 部 重 敬

笹島貨物駅上空から名古屋駅方面を鳥瞰する。東海道線にはEF58牽引の荷物列車、名鉄は7700系4連の特急が新名古屋駅、近鉄は1600系の普通列車が近鉄名古屋駅を発車し、0系の新幹線が名古屋駅に到着する。　1983(昭和58)年7月

空から見た国鉄名古屋駅かいわい

〈左上〉1983(昭和58)年の国鉄名古屋駅。6番線に485系の特急「しらさぎ」、8番線に中央線の113系、留置線にEF58やクモニ83の姿が見える。　　　　　　　　　　1983(昭和58)年7月

〈右上〉名古屋駅南の六反付近ですれ違う0系新幹線。　　　　　　　　1983(昭和58)年7月

〈右下〉名古屋客貨車区を左、笹島貨物駅を右に見て、名古屋駅に到着する紀勢線からの急行「紀州」。
　　　　　　　　　　　　　　　　　　　　　　　　　　　　　　　　　1983(昭和58)年7月

北側から見た名鉄西枇杷島駅東のデルタ線。庄内川橋梁の手前には名古屋方面に向かう7500系、東枇杷島側には6000系が見える。留置線には、3850系2連、3400系4連、3730系2連が停車中。　　1983(昭和58)年7月

金山と大曽根

〈左上〉現在の金山総合駅のあたりですれ違う7000系白帯車の特急と7500系の高速。名鉄とJRの金山総合駅の用地は確保され、東海道線はホームの場所に土が盛り上げられている。中央線だけであった金山駅の駅舎は現在よりもやや西にあり、アスナル金山のあたりは駐車場になっていた。　　　　　　　　　　　　　　　　　　1984（昭和59）年7月1日

〈左下〉1989年（平成元年）7月8日限りで役目を終え、金山総合駅に移転した金山橋駅。すれ違う車両はいずれも7500系である。夏の朝で夏服姿の学生がホームで電車を待っている。
　　　　　　　　　　　　　　　　　　　　　　　　　　　　　　　　1984（昭和59）年7月1日

〈　下　〉1983（昭和58）年7月の大曽根付近の瀬戸線旧線。大曽根駅を含む森下～矢田間は撮影直後の8月21日に高架に切り替えられた。大曽根駅の西に1989（平成元）年に西側がOZモールとして整備される大曽根商店街のアーケードが長く連なっている。
　　　　　　　　　　　　　　　　　　　　　　　　　　　　　　　　　　1983（昭和58）年7月

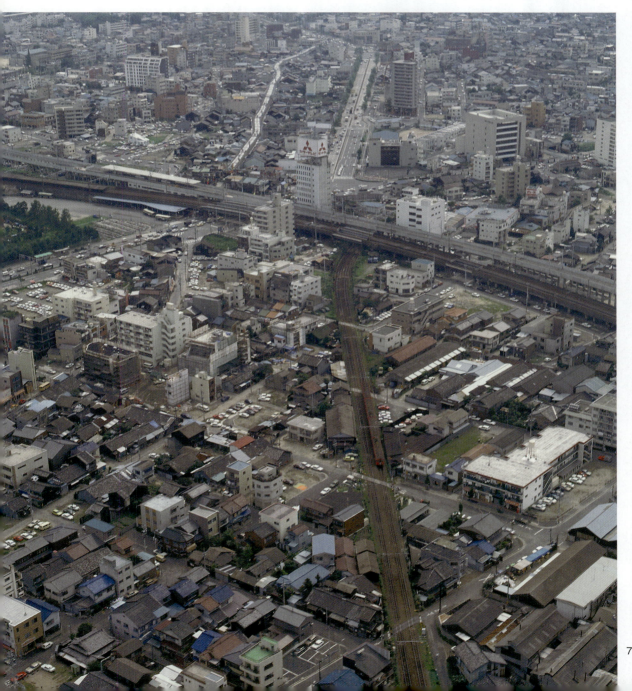

名古屋市電が走っていた街

〈左上〉名古屋駅前のロータリーにはモニュメントの青年の像と噴水があり、その中を市電が走っていた。車両は前が2000型、後ろが1820型。2000型は浄心〜名古屋駅前の臨時系統で、折り返しに備えて既に方向幕は浄心に変えられている。　　　　　　　　　　1972(昭和47)年1月21日

〈左下〉夕暮れの開橋。お正月で空気が澄んでいるためか、名古屋港の向こうに鈴鹿山脈が見える。このあたりは工業地帯のため、お正月とあって乗客の姿は見えない。
　　　　開橋〜昭和町　1974(昭和49)年1月2日

〈右上〉市電営業運転最終日の青柳町停留場。市電の停留場の近くには、どこでもたばこ屋や菓子屋があった。青柳町の停留場は、川原通の道路幅が狭いため安全島が無く、道路上から直接乗り降りした。　1974(昭和49)年3月30日

〈右下〉正月の初詣客で賑わいを見せる熱田神宮前停留場。左に向かうと名鉄の神宮前の駅がある。この頃は女性の和服姿が目立つ。　　　　　　　　　1974(昭和49)年1月2日

名古屋まつりの花電車

10月に開催される名古屋まつりの期間中、花電車が市内を走り回った。造花と電球で装飾された車両は昼夜ともに美しく、花電車そのものが祭りの華であった。

〈左上〉大久手で出会った花電車と花バス。1972(昭和47)年10月

〈左下〉市立大学病院を南に向かう花電車。花電車は3両単位（1970、71年は2両）で運行された。
　　　　　　　　　　　　　　　　　　　　　　1972(昭和47)年10月

〈右上〉花電車は電球が点灯される夕方になると、ひときわ美しさが際立った。　　　1972(昭和47)年10月　沢上町

〈右下〉安田車庫前で折り返す花電車。街に灯りが乏しかった当時、光り輝く花電車はディズニーのエレクトリカル・パレードのようなもので、歩道には沿線の人々が見物に繰り出している。　　　　　　　　　　　1973(昭和48)年10月

名鉄の旧形車

昭和50年代には、戦前に製造された歴史的名車が現役で、特急など優等列車に活躍する姿も見られた。

〈左上〉常滑線を走る3400系の常滑行特急。
　　　　常滑線日長〜長浦　1976(昭和51)年10月18日

〈左下〉矢作川に沈む夕陽に850系の独特のシルエットが浮かび上がる。　西尾線米津〜桜町前　1980(昭和55)年1月26日

〈右上〉塗装変更過渡期のAL車3色編成の岐阜行特急。
　　　　2832+3832+2502+832+231×+80×+255×+355×
　　　　名古屋本線国府宮〜島氏永　1976(昭和51)年5月

〈右下〉お壕電車時代の瀬戸線。ク2320形の大津町行と3700系の瀬戸行特急が名古屋城のお壕の中ですれ違う。
　　　　瀬戸線大津町〜土居下　1976(昭和51)年1月1日

■ パノラマカーが走る風景

名鉄のシンボルである前面展望車のパノラマカー。小牧線や蒲郡線などの支線区にも運転され、美しい風景に鮮やかなスカーレットの車体が映えた。

〈左上〉豪雪の日のパノラマカー。展望室の窓にも雪がこびりついて、雪の激しさを物語る。
名古屋本線西枇杷島～東枇杷島
1981(昭和56)年2月27日

〈左下〉桃の花が咲いて、春爛漫の小牧線を走る7000系特急車。　小牧線犬山～明治村口
1982(昭和57)年4月4日

〈右上〉爽やかな初夏の朝、美しい三河湾を望んで7000系特急車が名古屋に向かう。
蒲郡線東幡豆～こどもの国
1983(昭和58)年6月23日

〈右下〉パノラマカーのすれ違い。右が7500系、左が7000系。この頃、優等列車はほとんどパノラマカーであった。　名古屋本線名電山中～藤川
1987(昭和62)年9月20日

高山線を走る キハ8000系「北アルプス」

名鉄から高山線への直通運転は1965(昭和40)年に始まり、1976(昭和51)年には特急に昇格、1991(平成3)年までキハ8000系で運行された。パノラマカー譲りの連続窓に、四季折々の飛騨路の景色が美しく映えた。

〈上〉急行時代の「北アルプス」。
　　　　　飛騨小坂〜渚　1973(昭和48)年7月23日

〈下〉特急に昇格し、前面にシンボルのヒゲが書き入れられた。
　　　　　飛騨小坂〜渚　1984(昭和59)年11月4日

汽車・電車・市電

昭和の名古屋 鉄道風景

目次

カラーページ

空から見た国鉄名古屋駅かいわい	1
金山と大曽根	6
名古屋市電が走っていた街	8
名古屋まつりの花電車	10
名鉄の旧形車	12
パノラマカーが走る風景	14
高山線を走るキハ8000系「北アルプス」	16

目次	17
はじめに	18
1980(昭和55)年頃の名古屋周辺路線図	20

ターミナル駅かいわい

名古屋の玄関　名古屋駅	22
名古屋最大の繁華街　栄	44
総合駅開業まで駅が分散していた南の玄関　金山	46
知られざる拠点駅　熱田・神宮前	54

思い出の鉄道沿線

名古屋城のお堀を走っていた都会のローカル線　名鉄・瀬戸線	62
名古屋と豊田を結ぶ新設路線　名鉄・豊田新線	80
名鉄・思い出の駅風景	86
名古屋港をめぐる鉄道	92
地下鉄の開業祝賀列車と100系の廃車	100
水郷地帯を走る偉大なローカル線　関西線	106
東西の幹線から都市鉄道への転換　東海道線	120
高蔵寺ニュータウン開設で大きく変貌　中央線	126
C11が貨物輸送に活躍　武豊線	130

忘れえぬ車両たち

ふたつの流線型車両　名鉄3400系と850系	136
憧れの前面展望車　名鉄パノラマカー	140
高山線を走った名鉄特急　キハ8000系	148
孤高の気動車　キハ90系	154
憧れの2階建て電車　近鉄ビスタカー	156
近鉄の旧形車	160

名古屋市電 停留場めぐり

1969(昭和44)年の運転系統図、運行車両一覧	164
広小路通を走る	166
環状系統を走る	169
市北部への路線	174
名古屋港への路線	184
市東部の路線	192

あとがき	207

Memory

名古屋駅を通った知られざる列車「エキスポこだま」と「DE50」	36
瀬戸線の記念列車	78
豊田新線の試運転	84
新しい駅が出来る前	91
地下鉄はどこから入れる	104
関西線蒸気機関車の最後を飾ったD512	114
ちょっと珍しいパノラマカーのシーン	147
もうひとつの2階建て電車　20100系あおぞら号	159
名古屋まつりの花電車	180
名古屋市電最後の日	203

はじめに

　汽車・電車・市電……昭和の時代、名古屋ではこのように鉄道を区別していた。汽車とは、当時の国鉄、現在のJRである。電車は名鉄や近鉄、そして市電は名古屋市交通局が運行する路面電車の呼び方であった。汽車の駅は国鉄名古屋駅、電車の駅は名鉄新名古屋駅を指し、この呼び方で意が通じた。

　汽車という言葉は、蒸気機関車の牽く列車、もう少し拡大して機関車の牽く長距離の客車列車を思い起こさせた。その裏には、本数が少なく、時刻表を見て乗る列車、という意味も含まれていた。しかし、「汽車から国電へ」のかけ声のもと、国鉄末期の積極策で電車の本数が大幅に増えると、国鉄名古屋駅に汽車という言葉が持つ印象は急速に薄れていった。

　蒸気機関車の汽笛が鳴り響き、街には市電が走り、そして名鉄ではパノラマカー、近鉄ではビスタカーという歴史に残る名車が看板であった昭和40年代は、まさに名古屋の鉄道が最も多彩で輝いていた時代だった。しかし、市電が無くなり、鉄道も蒸気機関車や歴史を刻んだ各鉄道の古典的な電車が

国鉄、名鉄、名古屋市電が併走する六反小学校前のあたり。市電は35系統の1550型1553。国鉄は東海道線を走るEF61牽引の荷38レ、名鉄は5000系の特急で、遙かに新幹線の0系も見える。
六反小学校前〜下広井町　1972.1.16

消える頃には、街の様子は大きく変わっていった。

　本書では、昭和40年代中頃から50年代にかけて、昭和最後の頃に筆者が撮影した名古屋とその周辺の鉄道と街の様子を紹介している。鉄道の写真集ではあるが、車両中心ではなく、空撮を含め高所から風景を入れて撮った写真が多いことが本書の特徴である。これは、鉄道と共に、鉄道がより身近であった時代の街の様子を記録に留め、読者に思い出して貰うことを本書の狙いとしているからである。

　本書に掲載した写真を撮影したのは、筆者が高校時代から大学を経て社会人として駆け出しの頃までで、10代から20代の時期である。そのため、時間や費用の制約に加え、写真技術のつたなさや撮影者が一人のこともあって、記録写真としては限界があることは確かだろう。しかし、多感な高校生時代に市電や蒸気機関車の廃止という鉄道の大きな転換点に立ち会い、その後の鉄道と街の変化にカメラを通じて向き合った、一人の鉄道愛好者の青春の記録としてご覧いただければと願っている。

1980(昭和55)年頃の名古屋周辺路線図

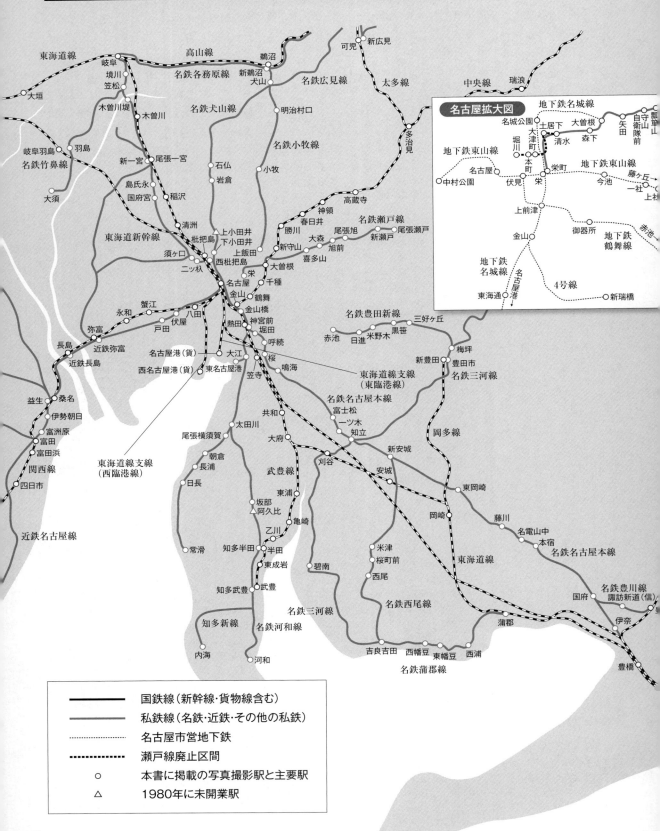

ターミナル駅かいわい

1972(昭和47)年初頭の名古屋駅前。青年の像がたち、噴水のある駅前ロータリーの中を市電が走っていた。撮影後の2月29日を最後に、名古屋駅前から市電は姿を消した。
1972.1.20

名古屋の玄関　名古屋駅

　東海道線全通3年前の1886(明治19)年5月1日、名古屋(当初は名護屋)駅が開業した時には、周辺は葦が生い茂る湿地帯であったという。以来、名古屋駅は名古屋の玄関として発展し、交通結節点として機能してきた。地下には郊外を結ぶ名鉄と近鉄、そして地下鉄の駅が設けられ、市内や郊外を結ぶバスも拠点を置いた。市電の最盛期には、常時系統の4割にあたる10系統がここを起点としていた。まさに名古屋駅は市内と周辺部の交通の拠点であった。

　名古屋駅の大きな飛躍点となったのは、1937(昭和12)年2月の高架化と東洋一という規模を誇った3代目駅舎の竣工、そして1964(昭和39)年10月の東海道新幹線の開業であろう。高架化前の名古屋駅は、現在の笹島交差点のやや北に駅舎があった。その後、移転した旧駅跡の地下に近鉄と名鉄の駅ができ、さらに新駅移転にあわせ整備された駅前通には、1955(昭和30)年前後に名鉄百貨店や豊田、毎日ビルが竣工した。地下鉄建設に併せ、1957(昭和32)年には日本初の地下街であるナゴヤ地下街も開業して、現在の隆盛の礎となった。

　東海道新幹線の開業は、駅前のビル建設を加速させた。大名古屋ビルヂングや名鉄バスターミナルビル、松坂屋名古屋駅店が入る名古屋ターミナルビルなど、駅前のランドマークとなる建物が相次いで建築された。そして、1976(昭和51)年11月のテルミナ地下街の開業で、1999(平成11)年12月のJRセントラルタワーズ竣工前の駅前の商業施設が出揃うことになる。

　名古屋駅を出入りする車両が大きく変わったのも、昭和40年代であった。名古屋駅を起点に北陸、信州、南紀を結ぶ特急が新設され、各地との時間距離が大幅に縮まった。1966(昭和41)年7月の中央線電化、1969(昭和44)年10月の関西線列車の無煙化に伴い、蒸気機関車の牽く列車が駅から消えた。さらに貨物列車の無煙化により、1971(昭和46)年7月限りで名古屋駅を通る蒸気機関車の姿は見られなくなった。

　1982(昭和57)年5月の関西線亀山電化によって国鉄線の電化が完了し、武豊線・太多線直通を除く近郊列車がすべて電車に置き換えられた。名古屋を始終着とする定期運行の客車列車は、1985(昭和60)年3月の夜行急行「きそ」の廃止により姿を消し、汽車の駅という印象は急速に薄らいでいく。

名古屋駅前に停車中の2000型2014。1969(昭和44)年3月まで、名古屋駅北口は降車専用で、そのため北側の停留場は南側と区別するため、名駅降車口と呼ばれていた。　1971.8.3

名古屋駅とその周辺の歴史（昭和40〜50年代を中心に）

1886(明治19)年 4月 1日	【国鉄】熱田〜清洲間鉄道開通
5月 1日	【国鉄】名護屋駅開業(翌年4月25日名古屋と改称)
1895(明治28)年 5月24日	【国鉄】関西鉄道(現関西線)名古屋〜前ヶ須(現弥富)間開通
1898(明治31)年 5月 6日	【名鉄・名市交】名古屋電気鉄道笹島〜県庁前間開通
1900(明治33)年 7月25日	【国鉄】名古屋〜多治見間(現中央線)開通
1911(明治44)年 5月 1日	【国鉄】東海道線支線として名古屋港線(東臨港線・貨物線)開通
1912(大正 元)年 8月 6日	【名鉄】押切町からの郡部線開通
1913(大正 2)年11月20日	【名鉄】柳橋駅開業・郡部線の列車を市内線に乗り入れ
1922(大正11)年 8月 1日	【名市交・名鉄】市内線を名古屋市に譲渡
1937(昭和12)年 2月 1日	【国鉄】名古屋駅付近の高架完成、3代目駅舎開業
1938(昭和13)年 6月26日	【近鉄】関西急行電鉄(現近鉄)関急名古屋駅開業
1941(昭和16)年 8月12日	【名鉄】新名古屋駅開業、新名古屋〜枇杷島橋間開通
1944(昭和19)年 9月 1日	【名鉄】東西連絡線新名古屋〜神宮前間開通
1953(昭和28)年 7月21日	【国鉄】東海道線浜松〜名古屋間電化
11月11日	【国鉄】東海道線名古屋〜稲沢間電化
1954(昭和29)年12月 1日	【建物】名鉄ビル第一期工事竣工・名鉄百貨店開業(全館竣工は1957年7月27日)
1955(昭和30)年 7月20日	【国鉄】東海道線稲沢〜米原間電化、豊橋〜大垣間電車運転開始
11月 1日	【建物】豊田ビル竣工(新館竣工は1961年4月13日)
1956(昭和31)年 4月 1日	【建物】毎日ビル(毎日名古屋会館)第二期工事竣工(全館竣工は1958年11月23日)
1957(昭和32)年 3月18日	【地下街】日本初の地下街・ナゴヤ地下街(現名駅地下街サンロード)開業
11月15日	【名市交】地下鉄名古屋〜栄町間開通
1958(昭和33)年11月 1日	【国鉄】東海道線に電車特急「こだま」運転開始
1959(昭和34)年11月26日	【国鉄】12、13番線ホーム新設
11月27日	【近鉄】名古屋線軌間拡幅工事完成(12月12日より新ビスタカーによる名阪直通特急運転開始)
1960(昭和35)年 6月 1日	【国鉄】客車特急「つばめ」「はと」を電車に置き換え
1961(昭和36)年 6月 1日	【名鉄】前面展望式7000系パノラマカー運転開始
1962(昭和37)年 1月25日	【国鉄】中央線金山〜千種間高架化(単線)、金山駅開業
1964(昭和39)年10月 1日	【国鉄】東海道新幹線開業
12月25日	【国鉄】北陸線経由の特急「しらさぎ」運転開始
1965(昭和40)年 3月 1日	【国鉄】関西・紀勢線に特急「くろしお」「あすか」運転開始
5月11日	【建物】大名古屋ビルヂング全館完成(第一期工事竣工は1962年)
1966(昭和41)年 6月29日	【国鉄】0,1番線ホーム新設
6月30日	【国鉄】中央線で最後の蒸気機関車牽引旅客列車運行
7月 1日	【国鉄】中央線名古屋〜瑞浪間電化
1967(昭和42)年 6月 1日	【建物】名鉄バスターミナルビル・メルサ開業
	【近鉄】名古屋近鉄ビル駅施設使用開始
12月 1日	【近鉄】近畿日本名古屋駅2線増の改良工事完成
1968(昭和43)年 9月 1日	【名市交】1号線名古屋駅ホーム延長、乗車・降車区分使用開始
10月 1日	【国鉄】中央線に特急「しなの」、高山線に特急「ひだ」運転開始
1969(昭和44)年 4月 1日	【国鉄】南口改札の使用を開始、降車専用だった北口が乗降可能に
	【名市交】1号線名古屋〜中村公園間開通
	【近鉄】国鉄連絡改札開設
4月25日	【名市交】1号線の愛称を東山線と決定
9月 1日	【名鉄】新名古屋駅ホーム拡幅、西・南改札使用開始
9月30日	【国鉄】関西線で最後の蒸気機関車牽引旅客列車運行
1970(昭和45)年 3月 1日	【近鉄】駅名を「近畿日本名古屋」から「近鉄名古屋」と改称
11月 1日	【地下街】桜通にユニモール開業
1971(昭和46)年 4月25日	【国鉄】関西線で蒸気機関車さよなら列車運行
7月31日	【国鉄】最後の蒸気機関車の運行(東臨港線(通称)C50)
12月 1日	【地下街】駅西口地下街エスカ開業
1972(昭和47)年 3月 1日	【名市交】駅前の市電路線廃止
4月28日	【建物】名鉄セブン開業
1974(昭和49)年11月27日	【建物】名古屋ターミナルビル竣工・松坂屋名古屋駅店開店、市バス乗り場を集約(29日)
1976(昭和51)年 9月20日	【名市交】定期券に磁気券使用開始(11月1日 普通券も磁気券化)
11月20日	【名鉄】新名古屋駅北口開設
	【地下街】テルミナ(現ゲートウォーク)地下街開業
1979(昭和54)年 8月 1日	【国鉄】関西線名古屋〜八田間電化
1980(昭和55)年10月 1日	【国鉄】西臨港線(通称)沿線に名古屋貨物ターミナル開業
1982(昭和57)年 5月17日	【国鉄】関西線八田〜亀山間電化
1986(昭和61)年11月 1日	【国鉄】笹島貨物駅廃止
1987(昭和62)年 4月 1日	【国鉄】国鉄を分割民営化・JR東海発足
1993(平成5)年12月 2日	【JR】名古屋駅ビル解体工事開始(営業終了は10月)
1999(平成11)年12月20日	【JR】JRセントラルタワーズ開業

※本年表では、路線区分をわかりやすくするため、官設鉄道、鉄道院、鉄道省時代も一括して国鉄と表記している

■高所から見た名古屋駅かいわい

高所から見た名古屋駅と駅前ビル街。出発する列車は、EF65P形(500代)牽引の臨時特急「金星51号」、続行して大阪に向かう季節臨急行「ちくま1号」を牽引するEF58重連が13番線の北側に待機している。13番線の気動車は、高山線直通の金沢行急行「のりくら6号」。 1975.8.14

〈左上〉名古屋駅を発車するEF58149＋EF5845牽引の季節臨急行「ちくま1号」。戦後に製造された急行旅客用の名機EF58が重連で牽引することは、当時でも珍しかった。はるかに名古屋城が見える。
1975.8.14

〈左下〉名古屋駅に到着する新幹線お召し列車。当時、新幹線のお召し列車は他の列車と識別のため、前照灯部分に帯が入れられていた。
1980.5.25

〈右上〉名古屋駅の南ですれ違う0系新幹線と名古屋港からのD51牽引の貨物列車。笹島貨物駅にはコンテナが山積みとなっている。はるかに中日スタヂアム（中日球場）が見える。
1970.3.6

〈右下〉名古屋駅を発車し、岐阜方面へ向かう153系普通列車。ノリタケ本社工場の煙突が印象的だった。
1975.8.14

北側から見た駅前ロータリーとビル街。市電は15系
統の1550型と30系統の2000型。 1972.1.22

〈上〉名古屋駅前に偉容を誇った大名古屋ビルヂング。2016(平成28)年春にビル名称もそのままに新たなビルに生まれ変わった。　1969.9.19
〈下〉毎日ビルと豊田ビルの前にあった名古屋駅前停留場。　1972.1.21

リニア・鉄道館に保存されているC57139が牽いた関西線の蒸機牽引さようなら列車。驚くことにこの頃は名古屋駅の構内に入って撮影ができた。　1969.9.30

■蒸気機関車が活躍していた頃の名古屋駅

　定期の蒸気機関車牽引客車列車は1969（昭和44）年9月30日の関西線が最後で、翌1970（昭和45）年9月15日から10月10日の休日に、蒸機牽引の最後の客車列車が「なし狩り」「栗ひろい」号として名古屋〜米原間に運転された。貨物列車からも蒸気機関車が消えるのは1971（昭和46）年4月25日で、その後も名古屋港入換のためにC50が7月31日まで運転された。

〈 左 〉新幹線ホームから見た関西線のC57。到着列車のC57が機廻し後逆向きで客車を牽いて客貨車区に戻っていく。　1969.8

〈左下〉第97回鉄道記念日を記念して運転されたC11牽引のミステリー列車「なぞの列車」。東海道線非電化時代に近郊列車を牽いていた様子を思いおこさせてくれた。　1969.10.19

〈 下 〉名古屋駅を出発する最後の蒸気機関車牽引客車列車となった「なし狩り」「栗ひろい」号。1970年9〜10月にかけ、名古屋〜米原間に6回運転された。　1970.9.23

D51が走る名古屋駅。新幹線のすぐ横を走る稲沢貨物線には関西線に直通する列車に加え、隣の笹島貨物駅への蒸気機関車が牽く貨物列車が数多く運転されており、新幹線と並ぶ姿も見られた。　1970.3.6

雪の名古屋駅。関西線ホームである13番線は、稲沢貨物線を走るD51を撮影できる絶好のポイントだった。　1970.3

■ 名古屋駅にゆかりの列車たち

　新幹線の路線延長や急行、夜行列車の廃止などで、近年、優等列車の種類は整理されてしまったが、かつてはさまざまな名称をつけた列車が運行されていた。いまは見られない名古屋駅にゆかりの代表的な優等列車や、通勤・通学の足となった普通列車を紹介しよう。

東海道線特急・急行

〈左上・右上〉1930（昭和5）年に運転を開始した国鉄を代表する特急の名称である「つばめ」。新幹線開業後に大阪～博多間特急に転身し、1965（昭和40）年10月に名古屋～熊本間に延伸、1968（昭和43）年10月に481系から583系に変わり、1972（昭和47）年3月の新幹線岡山開業で運転区間を短縮、名古屋から姿を消した。　　　　　　　　1968.8、1972.2.12

〈左下〉寝台電車583系の運用で、1968（昭和43）年10月に誕生した特急「金星」。昼間の運用である「つばめ」の運転区間短縮後は、583系は1978（昭和53）年10月まで「しらさぎ」に使用された。1982（昭和57）年11月に廃止。　　　　　　1970.7.26

〈右下〉1965（昭和40）年10月に475系交直両用電車で名古屋～博多間で運転を始めた急行「はやとも」を1968（昭和43）年10月に名称変更した急行「玄海」。1972（昭和47）年3月の新幹線岡山開業で運転区間を岡山以西に短縮した。　　　　　　　　　　　　1972.2.12

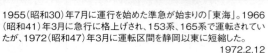

1955（昭和30）年7月に運行を始めた準急が始まりの「東海」。1966（昭和41）年3月に急行に格上げされ、153系、165系で運転されていたが、1972（昭和47）年3月に運転区間を静岡以東に短縮した。　　　　　　　　　　　　　　　1972.2.12

「比叡」は1952（昭和27）年9月に運行を始めた準急が始まりで、1957（昭和32）年11月に愛称を「比叡」と命名。1966（昭和41）年3月に急行に格上げ、153系、165系で運転され、最盛期は4往復が運転された。1980（昭和55）年10月から1往復となり、1984（昭和59）年2月に廃止。　　　　　　　　　　　　　　　　1970.7

長大な客車を連ねた急行「阿蘇」。1961（昭和36）年10月から1975（昭和50）年3月まで名古屋〜熊本間に運転された。　1972.2.12

東京と九州を結ぶ寝台特急は、1956（昭和31）年運転開始の「あさかぜ」を最初に、最盛期には「さくら」「はやぶさ」「みずほ」「富士」の名称をもつ列車が運転された。しかし、新幹線の延伸や速度向上によって次第に数を減じ、最後は「富士」「はやぶさ」併結列車の1本だけとなり、2009（平成21）年3月に廃止となった。客車は、最初は走るホテルと呼ばれた豪華な20系客車で、1972（昭和47）年から14系、1975（昭和50）年から24系が使用された。
〈右上〉「さくら」1969.7.6　　〈下〉「あさかぜ」1972.5.2

北陸・飛騨、信州、南紀方面特急・急行

〈左上・右上〉1964(昭和39)年12月に運転を開始した481系による北陸方面への特急「しらさぎ」と、1972(昭和47)年3月から78(昭和53)年9月まで運転された583系による特急「しらさぎ」
1972.3.12、1978.9.10

〈左下・右下〉1965(昭和40年)から1978(昭和53)年9月まで運転されたキハ82系の特急「くろしお」。1972(昭和47)年10月から78(昭和53)年9月までは天王寺方の先頭車はキハ81系が使用された。
1969.9、1978.9.10

〈左上〉1968(昭和43)年10月から1975(昭和50)年3月まで運転されたキハ181系による特急「しなの」　　　　　　　　　　1970.9.15

〈左下〉1982(昭和57)年11月まで運転された旧型客車による夜行急行「きそ」　　　　　　　　　　　　　　　　　　　1979.4.11

〈右上〉中央線の電化に伴い、キハ181系に代わって1973(昭和48)年7月から振り子式電車の381系で運転された特急「しなの」。臨時列車として2008年まで使用された。　　　　　　　　　1978.9.10

〈右下〉1968(昭和43)年10月から1990(平成2)年3月まで運転されたキハ82系による特急「ひだ」　　　　　　　　　　　1970.4

〈 右 〉海水浴の季節に小浜線に直通した臨時急行「エメラルド」　　　　　　　　　　　　　　1979.7.21
〈 下 〉登山シーズンに富山地方鉄道に直通した臨時急行「むろどう」　　　　　　　　　　　　1970.8
〈右下〉北陸、高山線を循環した急行「こがね」　1972.2.12

　気動車のキハ58系(キハ55、キハ65系を含む)は、どこでも運転でき、分割併合が容易な利点を活かして、非電化線を中心に各方面に運転された。中にはしらはま(関西、桜井、和歌山、紀勢線経由白浜行)、かすが(関西線経由奈良(湊町)行)、平安(草津線経由京都行)を連結した多層建急行や、名古屋始終着で高山、北陸線を循環する急行「こがね」「しろがね」、北陸、小浜、宮津、山陰、大社線を経由して大社まで行く急行「大社」、高山線から富山地方鉄道に直通する「むろどう」「うなづき」など、ユニークな経路の列車も運転された。

高山線に運転された急行「のりくら」の30周年記念列車　1983.7.23

普通列車

〈左〉1978（昭和53）年3月まで運転されたモハ80系の東海道線普通列車と70系に組み込まれたクハ68形先頭の中央線普通列車。
1970.9.13

〈左下〉中央線瑞浪電化に伴い横須賀線・大阪緩行線から転属し、1978（昭和53）年12月まで使用された70系　1978.9.10

〈下〉名古屋〜多治見間でEF58とDD51が定期重連として運転されていた中央線833レ。中央線にEF58が入線したのは、1968（昭和43）年10月から1970（昭和45）年9月までの2年間であった。
1970.5.16

MEMORY

■名古屋駅を通った知られざる列車 「エキスポこだま」と「DE50」

1970年に開催された大阪万博の輸送力不足を補うため運転された臨時列車が「エキスポこだま」。寄せ集めた1編成分の客車で毎日運行するため、東海道線を夜行で走り、三島で新幹線臨時こだまに接続。客車はそこから大阪にとんぼ返りして運行を確保したアイディア列車である。新幹線開業後に「こだま」の名称を名乗った唯一の列車として知られる。

三島から大阪に回送される「エキスポこだま」。著名な列車ながら写真は極めて珍しいようで、TV番組「鉄道伝説」などで使用された。　1970.5.17

DE50は、1970（昭和45）年にディーゼル機関2基のDD51に対して、大出力（2000馬力）機関1基の量産先行試作車として製造されたディーゼル機関車。稲沢第一機関区に配置され、1973（昭和48）年まで関西線や中央線・篠ノ井線で試験が行われ、その後岡山に転じた。しかし、幹線・亜幹線用ディーゼル機関車の増備はDD51形に統一されたため、量産は中止となり、車体は旧津山機関区扇形庫に開設された「津山まなびの鉄道館」に展示されている。

D51と連結して、関西線で試運転を行うDE50。　1970.7

〈 右 〉111系を使用した東海道線開業90周年記念号。　　　　1979.7.1
〈左下〉1982(昭和57)年5月16日まで関西、紀勢線経由で天王寺まで運転されていた921列車と1977(昭和52)年3月から中央線に投入された103系。
〈右下〉1982(昭和57)年2月から2013(平成25)年まで運転された117系の発車式。　　　　　　　　　　　　　　　　　1982.2.20

新幹線開業後の名古屋駅始発の在来線列車と車両の変遷（昭和40～50年代を中心に）

1964(昭和39)年12月25日	特急「しらさぎ」運転開始
1965(昭和40)年 3月 1日	特急「くろしお」「あすか」運転開始
8月 5日	名鉄線からの準急「たかやま」運転開始
10月 1日	特急「つばめ」、急行「はやとも」「兼六」運転開始 急行「さつま」、準急「ながら」廃止
1966(昭和41)年 3月 5日	運賃改定に伴い急行料金体系改定 準急「東海」「するが」「比叡」「伊那」「きそ」「おんたけ」「ひだ」「こがね」「しろがね」「うしお」「かすが」「平安」「はまゆう」「はやたま」を急行に格上げ
3月25日	急行「いすず」運転開始、急行「するが」廃止
7月 1日	中央線名古屋～瑞浪間電化、70系運転開始
10月 1日	急行「つがいけ」「おくみの」「大社」運転開始
1967(昭和42)年10月 1日	特急「あすか」、急行「おんたけ」廃止
1968(昭和43)年10月 1日	特急「金星」運転開始 急行「しなの」を特急に格上げ、キハ181系で運転開始 急行「ひだ」を特急に格上げ、キハ82系で運転開始 急行「はやとも」を「玄海」、急行「はやたま」を「しらはま」に名称変更 急行「あずみ」「きそこま」「つがいけ」を「きそ」、急行「ひだ」「加越」を「のりくら」、急行「うしお」を「紀州」に統合 急行「いすず」廃止、急行「はまゆう」を区間変更 東海道線の普通全列車を電車化（客車列車を全廃）
1970(昭和45)年 7月 1日	急行「つがいけ」運転開始
7月14日	富山地鉄直通の急行「むろどう」運転開始
7月15日	名鉄線からの急行「たかやま」を「北アルプス」に名称変更
1971(昭和46)年 4月26日	東海道線豊橋～大垣間に快速電車新設
1972(昭和47)年 3月15日	急行「こがね」「しろがね」廃止、「東海」を区間変更 新幹線岡山開業に伴い特急「つばめ」急行「玄海」を区間変更
1973(昭和48)年 7月10日	特急「しなの」を電車化
10月 1日	富山地鉄直通の急行「うなづき」運転開始
1975(昭和50)年 3月10日	新幹線博多開業に伴い急行「阿蘇」を区間変更、急行「兼六」廃止 特急「しなの」を全列車電車化（キハ181系が消える）
1976(昭和51)年10月 1日	名鉄線からの急行「北アルプス」を特急に格上げ
1977(昭和52)年 4月22日	中央線72系を103系に置き換え
1978(昭和53)年 3月25日	東海道線で80系のさよなら運転を実施
10月 2日	特急「くろしお」を区間変更「南紀」に名称変更
12月17日	中央線から70系が消える
1979(昭和54)年12月19日	関西線でキハ40系運転開始
1980(昭和55)年 3月23日	中央線で80系のさよなら運転を実施
10月 1日	急行「おくみの」「しらはま」廃止、急行「比叡」グリーン車連結廃止
1982(昭和57)年 2月20日	東海道線で117系運転開始
5月17日	関西線八田～亀山間電化、DD51牽引旧型客車列車廃止
11月15日	特急「金星」急行「つがいけ」「大社」廃止（583系が消える）急行「赤倉」を電車化
1983(昭和58)年 7月 5日	急行「伊那」廃止（名古屋～豊橋間快速又は普通)
1984(昭和59)年 2月 1日	急行「比叡」廃止
1985(昭和60)年 3月14日	急行「きそ」「赤倉」「紀州」「平安」廃止
1990(平成 2)年 3月10日	急行「のりくら」廃止

■汽車の時代の終焉

　国鉄改革に伴い、名古屋周辺の鉄道事業は1987（昭和62）年に日本国有鉄道名古屋鉄道管理局からJR東海へと移管され、それに伴い、急速に汽車の時代の面影はなくなっていった。その象徴が1993（平成5）年に開始された名古屋駅舎のJRセントラルタワーへの建替であった。ここでは、蒸気機関車が活躍していた時代のスナップと共に、旧名古屋駅の最後の様子を紹介したい。

〈　上　〉国鉄からJRへ移行する瞬間の名古屋駅コンコース。中央コンコースのシンボル、大時計が12時を指している。　　　　　　　　　　　　　　　　1987.3.31

〈　右　〉解体される直前の旧名古屋駅。1989年の世界デザイン博覧会を機に、駅前のロータリーは飛翔と呼ばれるモニュメントに置き換えられた。　　1993.1.31

〈　下　〉まだ、乗車券を手売りしていた頃の切符売り場とコンコースにあった案内所。　　　　　　　　1968年頃

〈右下〉武豊線へ回送されるC11が停車する0,1番線ホーム。
　　　　1970.6.28

■夜行列車のある風景

昭和40年代、長距離の鉄道旅行は夜行列車を使うのが常套であった。今では日帰り圏である長野や松本も夜行のエリアで、特に夏休みに信州の山々に向かう登山者に便利な臨時の夜行列車が数多く運転された。当時はコンピュータによる指定券の管理がまだ十分ではなく、その代わりとして座席を確保する着席券制度があり、事前にコンコースに乗客を集め、列車入線後に隊列を組んで客車まで誘導した。中央線夜行列車の整列乗車は、1979（昭和54）年11月まで行われた。

通路まで満員の夜行列車車内。

〈左上〉深夜にもかかわらず、乗客でいっぱいのコンコース。

〈左下〉深夜の出発だったがアルバイトの駅弁売りが駅弁とお茶を売りに来た。

〈 右 〉中央線の夜行列車の乗客は、コンコースに並んで、列車入線後にホームに誘導された。

〈右上〉夜行急行利用者に座席を確保した着席券。

1970.8.13～14

■ 名鉄「新名古屋」駅と「近鉄名古屋」駅

　名古屋駅は、国鉄駅だけが地上にあり、名古屋鉄道(以下名鉄)、近畿日本鉄道(以下近鉄)、さらには地下鉄の名古屋駅はすべて地下にある。このため、地下の方が人通りが多く、賑やかである。名古屋で地下街が発達したのも、こうした背景があったのだろう。

ラッシュ時の下りホームに停車する津島線直通佐屋行きの7500系。ホームの列車案内はブラウン管式の表示である。　1981.7

名鉄新名古屋駅のある名鉄ビルの前に停車する名古屋市電2000型。名鉄百貨店のシンボル、マーキュリー像がライトアップで浮かび上がる。　1972.2.12

〈上〉降車ホームの中央階段付近。　1981.7
〈下〉降車ホームから見た上りホームの先端。左に新聞輸送用のシューターが見える。　1981.7

羽根形の特急マークも懐かしい近鉄12200系。正月の宇治山田行臨時特急には、「迎春号」のマークが取り付けられていた。　　　　1973.1.3

名鉄「新名古屋」駅

　1941(昭和16)年8月に岐阜・犬山方面のターミナルであった押切町を移転して開業した新名古屋駅(現名鉄名古屋駅)は、1944(昭和19)年の東西連絡線開通によって東部方面への路線とつながった、民鉄としては珍しい通過線構造のターミナルである。

　このため、路線は上り下りが1線ずつだけで、真ん中の降車ホームを挟んで上下の乗車ホームを分離しているものの、利用者は最大39万人もあって、行き先別に停車位置が異なったり、さまざまな行き先の列車が発着するなど、慣れないと利用しづらいのが難点であった。昭和40～50年代には壁や柱のタイルも駅開設時のままで、やや古びた雰囲気を残していた。1975(昭和50)年に国鉄名古屋駅駅前広場地下の借用ができたことからホームの拡幅と岐阜方への延伸が行われ、1976(昭和51)年11月20日には北口開設により、地下鉄、近鉄への乗り換えも便利になった。

　1987(昭和62)年3月にかけて行われた全面改装工事で白を基調としたシックな内装となり、降車ホームにエスカレータ新設、乗車位置標の設置などが行われた。さらに1990(平成2)年にはLEDによる停車駅案内表示も設置されて列車別の利用者にわかりやすくなるなど、名鉄を代表するターミナルにふさわしい設備となった。

　2005(平成17)年1月29日、中部新空港の開港を控え、新名古屋駅は名鉄名古屋駅と改称された。

「近鉄名古屋」駅

　1938(昭和13)年6月の関西急行電鉄により開業した歴史を持つ近鉄名古屋駅(1970(昭和45)年3月に近畿日本名古屋から改称)は、当初は2面3線の地下駅であったが、1967(昭和42)年6月1日に名古屋近鉄ビルの駅施設使用開始、同年12月1日に2面2線の線増工事が完成し、現在の姿となった。

お正月に延長運転された急行「鳥羽」行。6401形は1950(昭和25)年に全クロスシートの名古屋線用特急車として新造され、正面貫通式で緩い曲面を持った前頭部や天地の大きい窓など、名古屋線車両の伝統的なスタイルで製造された最後の車両であった。　　　　　　　　　　　　　1973.1.3

〈左〉名古屋市電は駅前ロータリーのシンボルである青年の像と
噴水の間を走っていた。　　　　　　　　　　1972.1.21
〈右〉ビル名を大きく掲げた大名古屋ビルヂングと、地球儀形の広
告塔は名古屋駅前の印象的な光景だった。　1972.1.2

名古屋駅前のロータリーを抜けて、通称名駅降車口停
留場に到着する11系統の1550型。1551は大型方
向幕が使えるよう改造された異端車である。　1970.7

■ 名古屋駅前の名古屋市電

　名古屋駅を降りて、駅前に出ると、噴水と青年の像がたつロータリーがあって、その真ん中を市電が通っている。昭和40年代には、国鉄からバス、市電はもちろんのこと、地下鉄や名鉄への乗り換えにも一旦、駅前にでる必要があり、ロータリーの中を走る市電の風景は真っ先に目に入ってきた。さらにその背後に並ぶ丸い地球儀のような広告塔のある大名古屋ビルヂング、映画館やホテルのある毎日ビルと豊田ビル、さらには名鉄百貨店からメルサに続くビル街は、まさに躍進する青年都市、名古屋を象徴する光景であった。建物の高さは、当時の建築基準法の制限である高さ31mで揃えられ、整ったスカイラインが美しかった。

　これらビル街は、1974（昭和49）年末に竣工した名古屋ターミナルビルを最後に、四半世紀の間、大きな変化がなかった。しかし、1999（平成11）年のJRセントラルタワーズの竣工を始まりとして、2006（平成18）年のミッドランドスクエア、2016（平成28）年の大名古屋ビルヂングの竣工によって、大きく印象が変わりつつある。

名古屋駅前停留場の案内は、T字形をした独特の形態だった。　1972.1.2

笹島停留場を名古屋駅に向けて走る2000型。名古屋駅前の名駅通は、昭和40年代から平成10年頃にかけて市電が廃止された以外は大きな変化がなかった。　1972.1.2

名古屋最大の繁華街　栄

　名古屋最大の繁華街、栄。現在の三越前にある栄の交差点が、その中心となったのは、鉄道の発展と無縁ではない。

　1898(明治31)年5月6日に、日本で二番目の路面電車として笹島(名古屋駅前)から県庁前(現在の武平町付近)を開業させた名古屋電気鉄道では、次の路線として熱田線を計画し、当時の南北のメーンストリートである本町通に路線を敷くべく、沿線住民と交渉を始めた。しかし、沿線住民は道路拡幅を伴う路面電車敷設に反対したため、名古屋電気鉄道では大津通に路面電車を敷くことにして、道路拡幅の工費の1/3を負担して建設を行った。こうして1908(明治41)年5月3日に熱田への路線が開業、交差点の南西角には明治43(1910)年にドームのあるいとう呉服店(デパートメントストア)が建てられ、北東角にある煉瓦造りの日本銀行名古屋支店と共に、近代都市名古屋の象徴として紹介され、商業の中心として多くの人々を集めることになった。なお、いとう呉服店は、松坂屋として1924(大正14)年に現在地に移転している。

　栄の路面電車は、大津通の路線が1968(昭和43)年2月1日、広小路通の路線が1971(昭和46)年2月1日に姿を消すが、代わって地下鉄が建設され、1957(昭和32)年11月15日に現在の東山線、1965(昭和40)年10月15日に名城線が開業している。

　一方、郊外鉄道も栄地区への乗り入れが計画されるが具体化せず、ようやく実現したのが1978(昭和53)年8月20日の瀬戸線栄町乗り入れであった。名鉄では瀬戸線の栄への延伸にあたり、駅名を1966(昭和41)年に実施された新住居表示以前の旧町名である「栄町」としている。

〈右〉瀬戸線栄町乗り入れの祝賀電車。　1978.8.20
〈下〉現在は名古屋三越となったオリエンタル中村百貨店をバックに栄の停留場に停車する1820型。　1970.7

〈右〉オリエンタル中村百貨店の屋上から眺めた栄停留場。1967(昭和42)年2月1日の栄～今池間路線廃止の後、1968(昭和43)年3月19日に交差点の西側に移設された。
1971.1.31

〈下〉丸栄をバックに栄停留場に停車中の1600型と、栄を発車した1800型、到着待ちの1820型。　　　　　　　　　1971.1.31

総合駅開業まで駅が分散していた南の玄関　金山

　JR、名鉄、名古屋市交通局の5路線が集まり、一日の利用者数が43万人に達して名古屋南部の玄関として賑わいを見せる金山総合駅。世界デザイン博覧会の開催を機に1989(平成元)年7月9日に開業するまでは、現在の位置に中央線の駅があるだけで、名鉄は金山橋として大津通を挟んだ東に位置していた。さらに東海道線には駅すらなく、交通の結節点としての機能は限られていた。

　熱田神宮に伸びる熱田台地の堀割部分である現在地に鉄道の駅が設けられたのは意外に遅く、戦後の戦災復興計画による総合駅の構想に基づき、中央線の駅が1962(昭和37)年1月に開業したのが最初である。もっとも駅そのものは名鉄が最初で、戦時下の1944(昭和19)年9月に新名古屋と神宮前を結ぶ東西連絡線の中間駅として、高座橋の東に金山(翌年金山橋と改称)駅が開業している。ちなみに金山橋は、高座橋の北にある中央線をまたぐ橋の名前である。

　その後、1967(昭和42)年3月に地下鉄2号線(現・名城線)の延伸により地下鉄の金山駅が開業。名古屋港方面への延伸工事に伴い、1969(昭和44)年暮れに国鉄と名鉄の配線変更が行われ、東海道線の上下線間に1面のホーム用の土盛が設けられて、現駅への布石となっていた。

　一方、市電は熱田への路線新設に伴い1908(明治41)年に開業したのが始まりで、地下鉄の開業で1968(昭和43)年2月に大津橋～金山橋間が廃止になったのに伴い、以後は南部の路線の始発停留場となった。1974(昭和49)年3月31日の路面電車全廃に際しては、金山橋停留場で式典が行われている。

名鉄や国鉄中央線からの乗り換え客で賑わう金山橋停留場。お正月とあって晴れ着姿の女性も見られる。　1973.1.2

〈上〉金山橋停留場に停車中の1900型1901。1901は1900型の
　　試作車として、1815の車号で1953（昭和28）年に誕生した歴
　　史を持つ。　　　　　　　　　　　　　　　　1971.5.18
〈下〉金山橋で折り返す1901。周囲のビルは少ない。　1971.5.18

〈上〉現在の金山総合駅のあたりを走るAL車8連。朝ラッシュ時の犬山線からの輸送力列車で、3800系+3800系+3900系の2扉車8連では、さぞ乗降に時間がかかったことであろう。1979.11

〈下〉総合駅建設に備えてホームの土盛りがされた予定地を通過するEF65PF形の牽く東京行きの寝台特急さくら。1980.4.26

〈上〉金山駅を発車するクモニ83形荷物電車と80系を連結した中央線の普通列車。
1979.7.21

〈下〉1969(昭和44)年暮れの配線変更により、名鉄の線路は中央線の金山駅側に移設された。八百津行きの7700系特急と中央線113系の普通電車が並ぶ。 1976.5.12

総合駅建設に伴い、役目を終える直前の金山橋駅。戦時下の昭和19(1944)年に東西連絡線の中間駅として開業した歴史を持ち、長らく当時の面影を留めていた。 1989.6.30

〈左上〉改札口 1989.6.30 〈右上〉切符売り場 1989.6.30
〈左下〉改札口と跨線橋の間には売店もあった。 1989.6.30 〈右下〉金山橋の駅名標 1989.6.30

南側にある八熊通の沢上跨線橋から眺めた金山橋駅。
5700系の豊川稲荷行急行が発車する。　1989.7.1

〈左上〉（左上）高座橋から眺めた金山橋駅。発車する電
　　　　車は3850系。　　　　　　　　　1979.7.21
〈右上〉戦前に製造された流線型の名車3400系が並
　　　　ぶ。　　　　　　　　　　　　　　1971.9.3
〈　右　〉現在は複々線化された金山橋〜神宮前間を走る
　　　　7000系急行。　　　　　　　　　1985.3.23

〈左上〉金山を出発して終着名古屋に向かうEF64牽引の中央線客車列車。1973(昭和48)年の中央線の全線電化まで、名古屋発着で機関車が牽引する客車の普通列車が運転されていた。　　　　1971.7.16

〈左下〉金山橋の下をくぐり、金山に到着する80系。　　　　1980.2.23

〈右上〉金山東方のカーブですれ違う神領電車区から回送の583系と70系。583系はすでに名古屋からの運転に備えて「つばめ」のサインを出している。　　　　1970.7

〈右下〉1962(昭和37)年1月に高架化された千種への高架線から、カーブを曲がり、金山に向かう381系しなのと貨物列車がすれ違う。　　　　1980.1.9

知られざる拠点駅　熱田・神宮前

　JRの熱田、名鉄の神宮前というと、初詣の際の熱田神宮への下車駅という印象が強い。しかし、熱田は臨港地帯の貨物や荷物の扱いで重要な拠点駅だった時代があり、また名鉄の神宮前は名古屋本線と常滑線の分岐駅というだけでなく、運転や土木などの事務所が集まる現業関係の要衝となっている。

　熱田駅は、現在は快速も停まらず、都心にありながらやや鄙びた存在であるが、大正時代末期までは熱田区役所あたりから名鉄神宮前駅西口にかけ、新堀川と結ぶ運河があり、熱田港や名古屋港と結んで海運との連絡が行われていた。その後、名古屋港東部に工場の立地が進むと、名鉄常滑線を介して貨物の中継が行われており、貨物の要衝であった。こうした貨物輸送は1965(昭和40)年に名古屋臨海鉄道が開業すると終了するが、その後、名古屋駅に代わる荷物の拠点駅となり、1986(昭和61)年11月に国鉄の手小荷物輸送が廃止されるまで、各路線への荷物列車が運転された。

　一方、名鉄の神宮前は、その源流のひとつである愛知電気鉄道が常滑への路線開業に伴い、1913(大正2)年に東海道本線を越えて現在地に駅を開設したのが始まりである。その後、岡崎、豊橋方面への路線開業によって、名古屋から東部方面へのターミナルとなった。東海道線の東側に駅を設けたのは、将来の名古屋都心部への延長を考慮してのことであったが、実際に路線が金山、名古屋方面に延びるのは、戦時下の1944(昭和19)年9月になってからである。

　神宮前駅は戦後になって、1962(昭和37)年12月に単線であった常滑線の跨線橋の架け替え、1965(昭和40)年にかけて戦時下に西口に設けられたホームや貨物の連絡運輸廃止といった改良が続く。しかし駅設備は戦前のままであり、これらが大きく変貌するのは昭和50年代になってからである。

　まず、1978(昭和53)年12月に駅東ビルとホーム上の橋上駅舎が完成、翌年11月に西口を結ぶ跨線橋が架橋され、1983(昭和58)年9月に百貨店がはいる駅西ビルが開業して駅設備が一新された。配線関係はやや遅れ、1984(昭和59)年8月に将来の複々線化を見据えて名古屋本線、常滑線の方向線別ホームに変更が行われ、1990(平成2)年4月の神宮前〜金山間の複々線供用開始に伴い、現在の姿となった。

　両駅の前を走っていた名古屋市電は、1974(昭和49)年2月に廃止となっている。もとは名古屋の外港として発展した熱田を結ぶ都市間電車として1908(明治41)年5月に開業し、さらに名古屋港の開港により、1911(明治43)年に熱田停車場前から築港(名古屋港)へ路線が延長された歴史を持つ、港とのゆかりが深い路線であった。

熱田駅前の市電。後ろに1982(昭和57)年に改築された国鉄熱田駅が見える。　1971.11.2

〈上〉熱田の杜を右手に見て、熱田駅前〜熱田神宮前間を走る。　　　　　　　　　1972.10.11
〈下〉熱田駅前停留場から神宮前方面を望む。熱田神宮の反対側には商店街が連なっている。　1971.11.12

55

〈上〉熱田駅を通過する寝台特急「さくら」。牽引機が特急用のEF65P形で客車が20系という最も編成美を誇った頃。　1970.7

〈下〉国鉄熱田駅東側を通って神宮前に到着する7000系と入れ換え中のデキ370形375。左は日本車輌の名古屋工場で、ここで行っていた鉄道車両の製造は1971（昭和46）年に豊川製作所に移転された。
1971.11.12

〈上〉金山橋から神宮前に到着する850系。
　　　　　　　　　　　　　　　1972.3.11
〈中〉名鉄神宮前西口駅舎。1934(昭和9)
　　年に建てられ、跨線橋新設と駅ビル建
　　設に伴い、1979(昭和54)年に役目を
　　終えた。　　　　　　　　　1978.2
〈下〉神宮前駅常滑線ホームと入れ替え中の
　　デキ370系。　　　　　　　1972.3.11

〈上〉正月の初詣客で賑わう神宮前駅ホームと7000系。八百津行は行先板が取り付けられておらず、黒板にチョークで行き先が書かれている。
　　　　　　　　　1973.1.2

〈中〉常滑線の神宮前南側ですれ違う3400系と7500系。
　　　　　　　　　1970.7

〈下〉高架化前の常滑線豊田本町〜道徳間で東海道新幹線の下をくぐる。　1977.1.27

橋上駅舎が完成し、配線変更前の神宮前駅。常滑線のホームは6両で、貨車継走のための国鉄から続く渡り線が見える。左の杜は熱田神宮。　　1986.7

お正月の初詣客で賑わいをみせる熱田神宮前停留場。 1973.1.2

思い出の鉄道沿線

名古屋城のお堀の中を走っていた瀬戸線。本町と堀川の間の本町橋をくぐる部分は、単線の軌道用地しかなかったため、ガントレット（単複線）と呼ばれる特殊な線路形態となっていた。欄干の星のマークは、城内に陸軍の師団が置かれていたため、それにちなんだものといわれる。　瀬戸線本町～堀川　1976.1.3

名古屋城のお堀を走っていた都会のローカル線　名鉄・瀬戸線

　「せとでん」の愛称で親しまれている瀬戸線は、1978(昭和53)年8月に栄へ直接乗り入れる新線が開業するまで、その言葉が醸し出す長閑な響きそのままに、昭和初期に製造された古典電車が2両編成で走る、都会の中のローカル線であった。都市間電車とはいえ、名古屋側のターミナルが市役所南の大津町という不便な場所であり、また、沿線の宅地化の遅れもあって、当時の乗客の数はさほど多くなかった。他の名鉄線とは路線がつながっておらず、路面電車と鉄道の中間的な性格の路線であるため、架線電圧も路面電車並みの600Vであることから、昇圧により不要となった車両の受け皿となり、古い車両が集まっていた。

　当時の瀬戸線を印象づけていたのは、名古屋城のお堀の中を走る「お堀電車」であった。瀬戸で産する陶磁器などの貨物を輸送するため、名古屋市内を経て堀川への路線を建設するにあたり、用地買収の手間を省くため外堀に路線を建設したのである。こうしたことから土居下と堀川の間の外堀区間は、道路をくぐる陸橋部分にガントレットと呼ばれる単複線を用いたり、サンチャインカーブと名付けられた急曲線が存在するなど、特殊な線路形態となった。

　600V時代には、元知多鉄道のモ900形と元愛知電気鉄道のク2300、ク2320形が編成を組み、パノラマカーと同じスカーレットに白帯、転換クロスシートやさらにはミュージックホーンも装備して、特急に使用された。一方、各駅停車は、専ら元名岐鉄道のモ700形、750形が様々な会社から引き継いだ制御車と組んで運行されていた。末期には、本線から手動進段の吊掛駆動車であるHL車の3700系も入線している。

　栄町乗入れに伴う工事のため、お堀区間を含む堀川～土居下(仮)駅間が1976(昭和51)年2月15日に廃止され、さらに1978(昭和53)年3月19日に行われた架線電圧の1500V昇圧によって車両も一新し、都市型路線へと大きく変貌した。名古屋市内の路線が高架化され、銀色車体のスマートな車両が走る現代から見ると隔世の感がある瀬戸線であるが、随所に残る急なカーブが生き証人として歴史を伝えている。

起点の堀川に停車するモ903＋ク2303の瀬戸行準急。モ903は前面窓が木製のままなど、1931(昭和6)年に知多鉄道でデハ910形として登場した頃の面影を最も留めていた。　1976.1.3

本町に停車中のモ703＋ク2327。
本町の駅はガントレットの東側に
あった。　　　　　　　1972.4.2

外堀通に植えられた桜が満開の堀川〜本町間を走るモ758。喜多山までの区間列車には、ローカルムード満点のモ750形の単行運転もあった。電車の少し先に本町橋のガントレットが見える。 1972.4.2

〈左上〉お堀の中を走るモ758単行の堀川行。当時は堀の中まで降りることができた。
　　　大津町〜本町　1972.4.2

〈左下〉春爛漫の堀川駅に列車が到着する。　　1972.4.2

〈上から〉

・大津橋の下にあった大津町で行き違う特急用のク2300形。電動車のモ900形と共に、スカーレットに白帯をまき、ミュージックホーンを鳴らして快走した。　　1976.1.3

・大津町の駅舎は、大津通と外堀通の交差点の角から、一段下がったところにあった。　　1976.1.3

・大津町で折り返す3700系の特急。　　1976.1.3

〈左上〉サンチャインカーブとよばれた半径60m、速度制限20km/hの急カーブを大津町に向かうク2300形＋モ900形。
　　　　　　　　　　　　　　　大津町〜土居下　1976.1.3

〈左下〉東大手のあたりでは名古屋城の石垣の下を走る。
　　　　　　　　　　　　　　　大津町〜土居下　1976.1.1

〈右上〉土居下〜清水間ですれ違う3700系の特急とク2300＋モ900形の大津町行準急。1973（昭和48）年の3700系導入後は、モ900形は普通列車の運行に入ることが多くなった。現在の栄町への路線は、このあたりから地下に入る。　　　　　1976.1.3

〈右下〉テレビ塔を望む土居下を出発する瀬戸行準急。栄町への新線工事に伴い、土居下は仮駅として移転し、栄町乗り入れに伴い廃止となった。　　　　　　　　　　　　　　1976.1.3

〈上〉瀬戸線は、清水の西と森下の東の2ヵ所で名古屋市電と平面交差していた。これは、清水の平面交差で、堀田駅行の1600型を待たせ、ダンダンと音を響かせながら、ゆっくりと道路を横切っていく。
清水〜土居下　1970.11

〈下〉瀬戸線は軌道として開業した歴史を持っていることから、清水から大曽根にかけては道路の真ん中を走って路面電車のような雰囲気を漂わせていた。
森下〜大曽根　1971.1.24

大曽根の駅舎は瀬戸線の前身である瀬戸電気鉄道の本社が置かれていた風格のある建物だった。 1972.5.2

〈左上〉瀬戸の産品である陶器の輸送は瀬戸線の大切な使命で、昇圧直前の1978（昭和53）年2月15日までデキ200形が牽引して、貨物輸送が行われていた。　　　　　　　　　　　　　1977.12.29

〈左下〉大曽根の北で中央線をアンダークロスする。
　　　　　　　　　　　　　　　　大曽根〜矢田　1972.5.2

〈右上〉大曽根で中央線から貨物を受け継ぐデキ200形。2両あり、デキ202は瀬戸市民公園で保存されている。　　　　1972.5.2

〈右下〉1978（昭和53）年3月19日の1500V昇圧を控え、新造車6600系が中央線を介して回送されてきた。　　　　　1978.1.28

〈上から〉
- 中央線の高架をくぐり、瀬戸に向かう3700系。3700系は旧形車置き換えを目的に1973(昭和48)年に本線から転属してきた。
  　　　　　　　大曽根〜矢田　1978.3.5
- 矢田の白山社の前を走る。このあたりは高架化に伴い、線路の位置が変わっている。
  　　　　　　　大曽根〜矢田　1977.12.29
- 矢田の西にある小さなトラス橋で瀬戸街道をまたぎこす。
  　　　　　　　大曽根〜矢田　1977.12.29
- 昇圧に伴い新造された6600系は、大曽根で国鉄線から引き継がれ、デキ200形が前と後ろについて喜多山の検車区に向かった。
  　　　　　　　矢田〜守山自衛隊前　1978.1.28

冬の夕暮れ時、矢田川を渡るモ755+ク2222。元三河鉄道のガソリンカー、キ80形を制御車に改造したク2220形は、前後が流線型の独特の外観だった。　矢田〜守山自衛隊前　1972.12.31

矢田川を渡るク2101+モ759。ク2100形は元省線の電車を出自とした元三河鉄道デ400形で、1941年に車体を新造、モ3100形を経て制御車に改造された。　矢田〜守山自衛隊前　1970.11

瀬戸線は瀬戸街道に沿うように走っている。瀬戸街道を走る名鉄バスとモ900形+ク2320形のツーショット。
　矢田〜守山自衛隊前　1978.3.8

73

〈上〉昔からの住宅が続き、閑静な雰囲気だった瓢箪山付近。 1977.3.14 　〈下〉桜満開の大森駅を通過するモ703＋ク2327の瀬戸行急行。
1977.4.3

74

〈上〉城山公園から瀬戸線を望む。線路脇の整地された場所は、現在、喜多山検車区を移転した尾張旭検車区になっている。　大森〜旭前　1978.3.18

〈下〉現在の印場駅付近を大曽根に向かうデキ202牽引の貨物列車。　大森〜旭前　1977.12.7

晴れ上がった冬の日。洗濯物が干された住宅の脇を瀬戸に到着するモ903の瀬戸行準急。 瀬戸市役所前〜尾張瀬戸 1972.12.31

〈上〉尾張瀬戸駅構内でずらりと並んだ貨車の横を走るモ755
　　　　　　　　　　　　　　　　　　　　1972.12.31
〈右〉尾張瀬戸を出発するク2301＋モ901　　1977.12.5

尾張瀬戸の構内で貨車の入換をするデキ202。
1500V昇圧までは、尾張瀬戸では貨物の取り
扱いが行われていた。　　　　　1977.12.5

〈左上〉洗濯物が干された尾張瀬戸を出発するク2191＋モ751。ク
　　　2190形は、広見・八百津線の前身である東美鉄道のデボ
　　　100形である。　　　　　　　　　　　　　1972.12.31
〈左下〉尾張瀬戸の1番線には電車2両分の大きな屋根があり、終
　　　着駅らしい雰囲気を漂わせていた。　　　　1972.12.31
〈　右　〉円柱や張り出し屋根、そしてアーチ型の装飾など、洋風建築
　　　が特徴的だった尾張瀬戸駅舎。　　　　　　1977.12.5

MEMORY

■ 瀬戸線の記念列車

　1970年代は瀬戸線にとって、都会のローカル線から都市型の鉄道線に劇的に変貌する転換期だった。架線電圧の1500V昇圧に伴う旧形車の廃車と新製車両の投入、そして念願の都心、栄町への乗入れ。そうした節目の時に、車両を装飾した記念列車が運転された。

〈左〉現在の印場駅付近を走る1500V昇圧祝賀列車。
　　　大森～旭前　1978.3.19

〈下〉矢田川を渡るモ903＋ク2303の600Vのさよなら電車。3月12日に尾張瀬戸で発車式を行い、昇圧前日の18日まで運転された。　矢田～守山自衛隊前
　　　1978.3.12

旭前〜大森間を走る栄町乗入れの
祝賀列車。　　　　　1978.8.20

1970年代以降の瀬戸線略史

1973(昭和48)年	8月1日	本線から転入した3700系10両(5編成)使用開始
1976(昭和51)年	2月15日	堀川〜東大手(1944年から休止中)間廃止、東大手〜土居下(仮)間休止
1978(昭和53)年	2月15日	貨物営業廃止(この日限り)
	3月19日	架線電圧を1500Vに昇圧。6600系、3770系、3780系の運転を開始
	8月20日	栄町〜東大手間の地下新線が開業。土居下(仮)駅廃止
1983(昭和58)年	8月21日	森下〜矢田間を高架化
1986(昭和61)年	3月28日	6650系使用開始。これに伴い3730系、3770系引退
1990(平成2)年	9月30日	東大手〜森下間を高架化
1995(平成7)年	4月	本線から転入した6000系使用開始。これに伴い3780系引退
	12月22日	印場駅再開業
2001(平成13)年	4月14日	尾張瀬戸駅を移転
2007(平成19)年	6月30日	喜多山検車区を尾張旭検車区に移転
2008(平成20)年	10月1日	4000系車両運転開始
2014(平成26)年	4月6日	6000系さよなら運転により車両を4000系に統一

〈上〉栄町乗入れにあたっては、名鉄百貨店と全日空がスポンサーになった
　　電照をつけた装飾車も運行された。　　東大手〜清水　1978.8.20
〈下〉3780系の栄町乗入れの祝賀列車。　　大森〜旭前　1978.8.20

名古屋と豊田を結ぶ新設路線　名鉄・豊田新線

　名古屋市交通局の地下鉄3号線（鶴舞線）と相互直通運転し、名古屋と豊田市を結ぶ豊田新線（1986年に豊田線に改称）の開業は1979(昭和54)年7月29日。以来、30年余を経て、緑が豊かだった丘陵地帯の沿線は大きく変貌した。開業当初は沿線には住宅もまばらであったが、黒笹から三好ヶ丘にかけてニュータウン開発が行われ、日進周辺ではマンションが林立している。

　名古屋と豊田を結ぶ鉄道の計画は戦前からあったが、地下鉄の建設計画の進捗や沿線開発への期待から具体化した。15.2kmの路線は丘陵地帯を走り、トンネルや堀割、30‰を超える急勾配区間が点在するなど、変化に富んだ沿線風景が広がる。

　地下鉄と相互直通運転を行っているため、名鉄側の車両は4扉20m車の100系、200系に限定される。相互直通運転は地下鉄の延伸に伴い、1993(平成5)年8月からは犬山線にも拡大して、尾張と西三河を結ぶ幹線に成長している。

　また、知られざる使い方として名古屋市交通局の日進工場への新車搬入があり、名鉄の電気機関車が地下鉄の車両を牽引して赤池まで運転されている。

梅坪駅で行われた豊田新線発車式。　1979.7.29

梅坪駅で出会う豊田新線開業の祝賀電車。　1979.7.29

まだ周囲に何も無かった頃の日進駅。
100系は鉄道友の会のローレル賞受賞
の看板を前面に付けている。　1980.8

〈左上〉日進駅に到着した営業1番電車。
　　　　　　　　　　　　　　　1979.7.29
〈右上〉開業直後の日進駅に到着する100系。
　　　　　　　　　　　　　　　1979.8.12
〈　右　〉日進駅のあたりには、開業時は押草団地
　　　とトヨタの研究所の建物しかなかった。
　　　　　　　　　　　　　　　1980.8

81

米野木ですれ違う名古屋市交3000系と名鉄100系。　1979.7.30

三好ヶ丘と黒笹の間にある黒笹トンネルの上から黒笹方面を望む。現在は宅地化されて、緑が豊かだった丘陵地帯はすっかり変貌した。　1979.7.30

愛知池を望んで名鉄100系が快走する。　1979.7.30

〈　左　〉開業祝賀電車が到着する三好ヶ丘駅。　1979.7.29
〈左下〉開業の祝賀看板がかかげられた豊田市駅。　1979.7.17
〈　下　〉地平時代の豊田市駅。同駅は1985（昭和60）年11月1日
　　　　に高架化された。　1982.4.17

MEMORY

■豊田新線の試運転

　地下鉄との直通運転に伴う赤池の保安設備の関係で、限られた車両だけしか入線できない豊田新線に、通常とは異なる車両が入線したのはごく限られた機会だけである。中でも、試運転初日の1979(昭和54)年6月10日には、線路の整備を目的に、さまざまな車両が運転されて歴史に残る日となった。

　この日は、まずデキ400形電気機関車が2両入線して、軌道の踏み固めを行った。続いて、マスコミ関係者を乗せた6000系2両編成が入線したが、赤池の構内には入れないことから、日進工場の手前で折り返した。次に入線したのがAL(自動進段の吊掛駆動)車の800形(モ805＋ク2313)で、線路の錆取りを目的に線内を往復した。AL車が豊田新線を走行したのは、この時だけである。これが縁となって、同編成は廃車後に鞍ヶ池公園に保存された。

　その後、試運転は乗務員の習熟を目的に続けられ、開業日まで100系に特別の看板をつけて運行された。

試運転開始初日に線路の錆取りを目的に戦前生まれのAL車モ805＋ク2313が入線した。　米野木〜黒笹　1979.6.10

急勾配を下り、黒笹に到着するモ800
形の試運転電車。　　　1979.6.10

〈上〉800形の運転に先立ち、6000系2両編成(モ6010＋ク6210)が2往復入線した。　1979.6.10
〈下〉試運転中の100系が三河線との分岐点である梅坪に到着する。　　　　　　　1979.7.14

名鉄・思い出の駅風景

地域の顔であるとともに、生活の場としてさまざまな思い出が詰まった駅。長い年月の間には、近代化によって駅舎だけが建て替えられる駅もあれば、高架化や橋上駅化によって周囲も含めて大きく雰囲気が変わってしまった駅もある。今は思い出となった駅風景を紹介しよう。

地平時代の新一宮駅を出発する7000系パノラマカー。新一宮駅は1993(平成5)に高架化され、さらに駅名も2005(平成17)年に名鉄一宮と改称された。　　　　　　　　　1977.4

1987(昭和62)年11月に中線通過式の上下副本線が設けられた二ツ杁駅。駅ビルは名鉄社員の独身寮だった。　1984.4.30

空から眺めた高架工事中の新一宮駅付近。白帯特急車がすれ違い、東海道線には特急「しらさぎ」が見える。　1982.11.8

〈左上〉1963（昭和38）年に建築された駅ビル時代の国府宮駅。駅舎の裏にはバスターミナルがあった。　1982.11.8

〈左下〉1984（昭和59）年4月に駅舎が改築された笠松駅。　1983.4.9

〈右下〉1980（昭和55）年9月に岐南駅新設に伴ない廃止された境川駅。前身の美濃電気軌道が1914（大正3）年の笠松線開業時に開設した駅で、当時の面影を留めていた。　1980.4.16

津島線の分岐駅である須ヶ口。撮影直後の7月に方向別に配線変更が行われた。さらに、1988（昭和63）年4月に橋上駅舎となり、構内踏切が解消している。　1987.5.3

1985(昭和60)年2月に橋上駅化が行われ、同年7月に5, 6番ホームが新設された犬山駅。　1983.11.19

橋上駅化前の犬山駅駅舎は1912(大正元)年の開業時のもので、車寄せには名古屋電気鉄道の社紋の飾りがあった。　1983.11.19

可児市の市制施行に伴い1982(昭和57)年4月に新可児に改称された新広見駅。駅舎は1994(平成6)年に建て替えられた。　1982.2.23

1985(昭和60)年3月に駅舎の地下駅化と配線変更が行われた岩倉駅。ホーム位置も移動している。　1983.5.5

1992(平成4)年11月に高架化が完成した尾張横須賀駅。　1984.5.13

1988(昭和63)年12月に橋上駅化された知多半田駅。再開発により、駅前広場も整備された。　1981.4.1

1982(昭和57)年12月に発着線を1線から3線に移転改良した常滑駅。中部新空港への路線建設に伴い、2003(平成15)年に高架化された。　1982.9

高架化前の太田川の駅舎は、近くの弥勒寺の宝塔を模した瀟洒な造りだった。1986(昭和61)年の駅舎改築にあたっても宝塔部分は移設されたが、高架化工事に伴い2009年に解体された。　1983.7.2

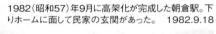
1982(昭和57)年9月に高架化が完成した朝倉駅。下りホームに面して民家の玄関があった。　1982.9.18

2006(平成18)年に高架化された鳴海駅。南側に豊明検車区と舞木検査場に機能を移した鳴海工場があり、東部線区の要衝だった。 1997.2

〈左下〉三河三弘法二・三番札所の最寄り駅で、立派な駅舎があった一ツ木駅。弘法大師の命日には多くの参詣客で賑わった。1970(昭和45)年に無人化され、撮影後まもなく駅舎も撤去された。 1981.4.15

〈 下 〉1996(平成8)年に橋上駅化され、留置線も増設された伊奈駅。 1985.1.10

1992(平成4)年10月に高架駅となった本宿駅。戦前に観光地として賑わった新箱根峠へのバスの乗換駅であり、蒲郡のホテルを模したといわれる塔屋をもった特徴ある駅舎だった。 1982.4.17

MEMORY

■新しい駅が出来る前

　輸送力の改善などをきっかけに、新しく駅が設けられると、その周辺は大きく変貌する。ここでは河和線に新設された阿久比駅と、鶴舞線との直通運転に伴い平田橋を移転して誕生した犬山線の上小田井駅の、駅ができる前の様子を紹介しよう。現在の様子と、見比べていただきたい。

1983(平成58)年7月に待避設備を持った駅として新設された阿久比駅の建設地。阿久比駅新設に伴い、隣接する坂部駅が無人化された。　1983.1.29

地下鉄鶴舞線と相互直通を行う上小田井駅の建設地。1991(平成3)年10月に平田橋駅を移転・改称し、1993(平成5)年8月に直通運転を開始している。　1983.5.14

名古屋港をめぐる鉄道

　名古屋港には、貨物を中心に運行する三つの臨港線があった。東海道線貨物支線の扱いで、名鉄山王駅西にある中央線の山王信号所で分かれてまっすぐ南下し、築地口西に位置する名古屋港駅に至る通称東臨港線(名古屋港線)と、関西線の笹島で分かれ南下して、潮凪町にあった西名古屋港駅に至る通称西臨港線(西名古屋港線)、そして名鉄常滑線の大江から東名古屋港に至る築港線である。東西の臨港線は、旅客列車を運転していないので、その存在を意識されることはほとんどなかった。

― 東臨港線(名古屋港線) ―

　東臨港線は、名古屋港で船との連携輸送を目的に、開港間もない1911(明治44)年に開業した歴史を持つ。さらに八幡信号所で分岐して、白鳥にあった貯木場や名古屋市卸売市場に至る支線もあった。

　当時、名古屋港への貨物列車は、関西線と共用で稲沢第一機関区のD51が牽引し、港内の入れ換えにはC50が使用された。D51の運用は、1970(昭和45)年10月から71(昭和46)年4月にかけて順次おこなわれた関西線の無煙化にあわせDD51に変更されるが、その後もしばらくの間はC50が残り、名古屋地区最後の蒸気機関車として1971(昭和46)年7月31日まで使用された。JR化後、東臨港線にナゴヤ球場正門前駅を設置し、山王にあったナゴヤ球場への観客輸送で注目されるが、東海道線に尾頭橋が開業したことから、1987(昭和62)年から1994(平成6)年までの8シーズンで終了している。また、白鳥・名古屋市場へはC58からDD13を経てDE10が使用されたが、1978(昭和53)年10月1日に廃止となっている。

名古屋港駅で入換え中のC50。通常、入換え時には両側に緩急車を連結して運転されるが、この時にはそれを外して運転されていた。　1971.1.2

名古屋港駅の俯瞰。現在、この場所は結婚式場と遊園地・名古屋港シートレインランドになっている。　1971.4.10

両側に緩急車を連結して入換え中のC50　1971.5.30

停車中のC50のテンダの上から眺めた名古屋港と5本煙突が印象的な名港火力発電所。艀が中川運河の河口をびっしり埋め尽くしている。　1971.1.2

〈 左 〉名古屋港駅は市電築地線と道路橋が構内をオーバークロスしていた。　　　　　　　　　　　　　　　　　　　　　　　　1971.1.2

〈左下〉稲沢に向けて単機で回送されるC50　　　　　　　1971.1.2

〈 下 〉国鉄がJRに変わり、東臨港線を使ってナゴヤ球場への観客輸送が行われると、名古屋港駅は気動車の留置場所として使用された。
　　　　　　　　　　　　　　　　　　　　　　　　　1994.6.25

〈上〉名古屋港駅へのC50の運転は、早朝と夜に行われていたが、正月三が日だけは撮影時間帯に運転された。山王信号場で中央線から分かれ、東臨港線を走るC50牽引の名古屋港行の貨物列車。
　　　　　　　　　　　　　　　　　　　山王信号場　1971.1.2

〈下〉DD51とC50が重連で運転される列車もあった。
　　　　　　　　　　　　　　　　　　　山王信号場　1971.1.3

名古屋港を出発し、東邦ガス港明工場の中を突っ切って
名古屋駅に向かう東臨港線の貨物列車。　1970.7

ー西臨港線(西名古屋港線)ー

　西臨港線は稲永埠頭などの名古屋港の西地区や周辺の工場への輸送を目的に、1950(昭和25)年に開業した歴史を持つ。機関車は東臨港線同様、稲沢第一機関区のD51が牽引し、無煙化にあわせてDD51に変更された。

　西臨港線は、1980(昭和55)年に荒子に名古屋貨物ターミナルが開業し、さらに2004(平成16)年には名古屋臨海高速鉄道西名古屋港線(あおなみ線)として電化・旅客線化が行われており、往時の面影はまったく留めていない。こうした中、旅客線化構想に合わせて、国鉄分割民営化直前の1986(昭和61)年10月に団体列車として「おもしろ列車かたつむり号」が運転されている。貨物専用線時代の同線が脚光をあびた唯一の機会であった。

烏森で関西線と分かれて西名古屋港に向かう逆向きD51牽引の貨物列車。　1970.7

市電一州町停留場付近を走る西名古屋港行の貨物列車。　1971.7

昭和61(1986)年10月に3回運転された『おもしろ列車かたつむり号』。
旅客線化の可能性を探ることが目的だった。　　　　1996.10.10

下松の日立製作所で製造された桜通線用の6000系は、甲種輸送で西名
古屋港まで送られ、そこから陸路で日進工場まで輸送された。　1989.7.1

貨物扱い最末期の東名古屋港駅。　1983.2.5

〈 左 〉大江で進行方向が変わるため、電気機関車が前後に連結されて運転された築港線の貨物列車。
　　　　大江〜東名古屋港　1983.4.2

〈左下〉名鉄の新造車両は築港線経由で搬入される。これは1976（昭和51）年11月の6000系一次車の搬入で、加福町には広大な貯木場が広がっている。
　　　　大江〜東名古屋港　1976.11.22

〈 下 〉磁気浮上式鉄道HSSTは、築港線に隣接した大江実験線で1991年から2005年にかけて試験が行われた。
　　　　1993.5.25

―名鉄築港線―

名古屋港には名鉄の貨物線もある。常滑線の大江で分かれ、六号地の東名古屋港に至る築港線である。臨海工業地帯として名古屋港東部の工場誘致を目的に、名鉄の前身である愛知電気鉄道の手によって1924(大正13)年1月に西六号地(後の東名古屋港貨物駅)まで開業した歴史を持つ。戦後は六号地から九号地に至る県有鉄道線の管理運営を受託して、名古屋港周辺の貨物輸送に大きく寄与してきた。

しかし、1965(昭和40)年8月に名古屋臨海鉄道が開業すると、運営を受託していた県有鉄道線が移管されたのに加え、同年9月から神宮前で国鉄に貨物を継走していた自社の貨物も名古屋臨海鉄道経由に切り替えられ、貨物輸送に大きな変化がおこった。貨物輸送は次第に縮小され、1981(昭和56)年に常滑、1983(昭和58)年末をもって聚楽園、太田川に残っていた東名古屋港を経由する貨物扱いが廃止され、この段階で実質的に名鉄の貨物輸送は終了した。唯一、東名古屋港のみ六号地埠頭から海外への車両航送などのため、貨物輸送が残っているが、業務は日本通運と名古屋臨海鉄道に委託されている。

築港線が、東西臨港線と異なるのは六号地周辺の工場への通勤客輸送を行っていることで、朝夕のみ、旅客列車が運転されている。特殊な用途であることから専用の車両が使われ、この頃は廃止となった東濃鉄道から譲り受けた3790形が使われていた。この路線に沿って、後に愛知高速交通東部丘陵線(愛称：リニモ)で実用化されることになる磁気浮上式鉄道HSSTの実験線が1991(平成3)年に造られ、実用化に向けて長期試験が行われたのも築港線の忘れられない歴史である。

1976(昭和51)年の大江駅。HSSTの建設に合わせ、1990(平成2)～92(平成4)年にかけて構内の配線変更が行われ、下り副本線や電留線が設けられた。　　　　　　　　1976.11.22

駅舎があった頃の東名古屋港駅(旅客駅)。貨物駅は、旅客駅の西400mに位置していた。　　　　　　　　　　　1983.7.9

廃止となった東濃鉄道からやってきた3790形。中間にク2800形2815をはさみ、3連で築港支線専用として1985(昭和60)年2月まで運行された。
大江～東名古屋港　1985.2.12

地下鉄の開業祝賀列車と100系の廃車

新しい路線が開業すると、初乗りを楽しみたい人は多いだろう。地下鉄は、トンネルの中ばかりで景色が見られないのは残念だが、それでも新しい路線の開業には期待感が高まる。

名古屋市交通局では、新しい路線が開業すると、大きな祝賀看板をつけた記念列車を運転する。1977(昭和52)年3月の鶴舞線伏見～八事間開業までは、午前中に開業式典を行い、一般営業は12時からであった。このため、祝賀看板を付けた記念列車は開業式典の招待者を乗せて運行した後、一般営業の最初の列車で一往復運転された。その後の開業では、開業式典は開業日の前日になったことから、記念列車は開業日に終日運行している。

1957(昭和32)年11月に名古屋～栄町間のわずか2.4kmの距離で開業した名古屋の地下鉄は、順調に路線を延ばして、2016年現在、6路線93.3kmに達している。鶴舞線と上飯田線では名鉄との相互直通運転も行われ、都市内の交通のネットワークは飛躍的に向上した。

名古屋の地下鉄を印象づけたのは黄色い車体の鋼製車で、東山線には100系、200系、250系、300系、名城線には1000系、1100系、1200系があり、名城線の車両には紫色の帯が入れられ、東山線車両と区別された。これら車両は冷房装置がないことから、2000(平成12)年までに姿を消した。

市電全廃の前日に開業した金山～新瑞橋間は、当初、4号線と呼ばれた。
1200形1202　新瑞橋　1974.3.30

1969(昭和44)年4月1日に星ヶ丘～藤ヶ丘間が延長された東山線。開業当初は沿線に住宅がなく、赤土の丘陵地帯を走っていた。100系4連。　一社～本郷　1970.6

1971(昭和46)年には、名城線が3月29日に名古屋港、12月20日に大曽根へ延長された。　1100形1102　東海通　1971.3.29

1100形1111　名城公園　1971.12.20

101

鶴舞線の最初の区間である伏見と八事間は1977(昭和52)年3月18日に開業した。
3000形3101　御器所

1984(昭和59)年9月6日の浄心〜庄内緑地公園間開業の祝賀列車。
3000形3122　庄内緑地公園

1982(昭和57)年9月21日の東山線中村公園〜高畑間開業にあたっては、1980(昭和55)年から運転を開始した5000系が祝賀列車に使用された。5000系は、2015(平成27)年8月30日のさよなら運転を最後に引退した。　5608　本郷

地下鉄最初の車両である100系は、床下機器を下部まで延長した車体に載せたボディマウント構造と車輪にゴムをはさんだ弾性車輪が特徴で、1988(昭和63)年まで活躍した。　藤ヶ丘〜本郷　1980.6.28

1985(昭和60)年8月には、100系の開業時の車両がすべて廃車になることから、さようなら列車が運転された。　上社　1985.8.25

MEMORY

■地下鉄はどこから入れる

昔、「地下鉄はどこから入れる」という漫才がはやったことがあったが、どこから地下鉄の車両を入れるか、ご存じない方も多いだろう。答えを言ってしまうと、東山線と名城線は車両工場からトレーラーで運搬し、鶴舞線、桜通線はJR線〜名古屋臨海鉄道〜名鉄築港線〜常滑線〜名古屋本線〜三河線〜豊田線を経由し、機関車が牽引して赤池にある日進工場に搬入される。これは鶴舞線、桜通線の軌間がJRや名鉄と同じ、1067mmということもあるようだ。

名鉄線経由の輸送方法となったのは、1993(平成5)年の桜通線今池〜野並間開業に伴う新製車両からで、それまではJR西臨港線の西名古屋港まで運ばれ、そこからトレーラーで日進工場に搬入した。さらに、1977(昭和52)年3月の鶴舞線伏見〜八事間開業時には地上部分がないことから、御器所〜荒畑間に開口部を設け、そこから門型クレーンで車体を吊り上げて線路に降ろしている。こうした珍しいシーンを紹介しよう。

鶴舞線の開業時の車両は、御器所〜荒畑間の道路上に開口部を設けて線路に降ろした。　1976.9

デキ600形重連の牽引で豊田線経由で赤池に到着する桜通線用6000系。現在、日進工場への地下鉄車両搬入にあたっては、名鉄線経由で行われている。
赤池　1993.6.10

下松の日立製作所で製造された桜通線用6000系は、EF65に牽引されて名古屋まで輸送された。
東海道線近江長岡〜柏原　1993.5.25

西名古屋港に到着した桜通線中村区役所〜今池間開業用の6000系。
1989.7.1

水郷地帯を走る偉大なローカル線　関西線

　6本のホームがある名古屋駅在来線の中で、関西線は最も西側の12,13番線が定位置である。このホームは他と比べて長さが短く、上屋のあるところも限られ、売店もない。関西線が非電化の頃、発着する車両は客車列車が主体で、1969(昭和44)年9月までは蒸気機関車の牽く列車も健在だった。そのため、この一角は名古屋駅の中でも特別に長閑さが漂っていた。

　関西線は、関西(かんせい)鉄道により1895(明治28)年に開業し、官設の東海道線と張り合ったという歴史を誇る路線である。しかし、非電化でしかも蒸気機関車の運転とあっては、並行して走る近鉄名古屋線に対抗できず、住宅も駅の周辺にあるだけで、長閑なローカル線の風情を醸し出していた。海抜ゼロメートル地帯を走り、長島の前後で木曽、長良、揖斐の三川を長大な鉄橋で渡るなど、水郷地帯ならではの景観が広がっていた。

　優等列車は、ごく一時期のみ運転された和歌山を結んだ「あすか」と夜行寝台列車を除くと、紀勢線方面への「くろしお」が唯一の特急であった。急行はキハ58系で、関西線方面、紀勢線方面、伊勢方面への列車が併結された多層建の列車もあった。

　貨物列車が蒸気機関車からディーゼル機関車の牽引に代わったのは1971(昭和46)年4月26日で、前日の最終日にはD512の牽引するさよなら列車が運転された。客車列車は、無煙化後も蒸機時代と変わらぬ形で運行が続けられ、天王寺まで14時間かけて紀勢線をひとまわりする普通列車も健在であった。昭和57(1982)年5月17日、八田〜亀山間の電化により電車の運行が始まり、これら客車列車やディーゼルカーの列車は一掃された。

名古屋駅を出発し、名古屋客貨車区を右に見て、長駆天王寺に向かうC57牽引の921レ。　　名古屋〜八田　1969.8.21

〈上〉京都の保津川橋梁を1930(昭和5)年に移設したトラス橋である向野橋の下をD51571牽引の貨物列車が稲沢に向けて発車する。　　　　　　　　笹島　1970.12.30

〈右〉名古屋第一機関区で転車台に乗るC5780。　　1969.8

黒煙を噴き上げて笹島を発車するD51528牽引の貨物列車。　　1971.4.21

〈左上〉八田の名古屋寄り、烏森付近を近鉄と並行して走る。現在、この区間は高架化されている。　　　　　　　　　　　　　　　1970.9.29

〈右上〉八田に停車中のD51203とキハ20、35系を連結した湊町行普通列車339D。　　　　　　　　　　　　　　　　　　　1970.9.29

〈 左 〉八田〜蟹江間、伏屋付近の築堤を走るDD51牽引の名古屋行普通列車222レ。現在は住宅がびっしりと並んでいるこのあたりも、当時は長閑な田園が広がっていた。　　　　　　　　　　　　　1969.9.19

近鉄線をアンダークロスして、庄内川の鉄橋にかかるD51528牽引の貨物列車。　八田〜蟹江　1971.4.21

〈上〉蟹江を発車するC5780牽引の924レ。
　　　　　　　　　　　　　蟹江　1969.8.21
〈左〉蟹江でキハ82の1D「くろしお3号」と行
　　き違うC5730牽引の924レ。　1969.8

蟹江で行き違うD51牽引の
貨物列車。　　　1969.8

永和を発車し、姿を水面に映して日光川の鉄橋を渡る
C57牽引924レ。　　永和〜蟹江　1969.9.23

佐屋川の釣堀脇の築堤を登る。この釣堀は、現在も
当時のままに残っている。　蟹江〜永和　1970

弥富を発車するC5730牽引の924レ。 1969.9

弥富を発車するD51893牽引の貨物列車。　1970.2

弥富で停車中のD51771を追い抜くD51203牽引の貨物列車。弥富は駅が海面下80cmにあって、地上駅としては日本で最も低い駅である。　1970.2

現在の白鳥信号場付近を走るDD511034牽引の最終日の天王寺発名古屋行客車列車926レ。最前部の客車の窓にはファンがつくった名古屋行の表示が付けられていた。　弥富〜永和　1982.5.16

木曽川鉄橋を渡り、弥富に向かうC5783牽引の924レ。C5783は名古屋第一機関区の機関車中、ゆいいつ煙除板の下が欠き取られた九州ゆかりの門鉄デフを取り付けていて異彩を放っていた。　長島〜弥富　1969.9

1972(昭和47)年から1978(昭和53)年9月まで、特急「くろしお」の天王寺側先頭車には、気動車特急のパイオニアであるキハ81が使用されていた。複線化に備えて木曽川鉄橋は架け替え工事が進んでいる。　弥富〜長島　1978.4.5

MEMORY

■関西線蒸気機関車の最後を飾ったD512

　日本の蒸気機関車の代名詞的存在であるD51の2号機が稲沢第一機関区に配置され、関西線の貨物に活躍していた。この機関車の特徴は、煙突から蒸気ドーム後端までが半流線型のカバーで覆われていることで、「なめくじ」と愛称された。1115両も製造されたD51の中で、この形であったのは最初に製造された95両だけである。

　若番号車であることや独特の形態から、2号機は貨物専門であった稲沢機関区のD51の中でもっとも人気があった。

　このため、関西線貨物の最後の蒸機列車の牽引機に2号機が選ばれ、最終日の1971(昭和46)年4月25日に「蒸気機関車ご苦労さま」の看板を掲げ、稲沢と四日市の間で運転された。

　同機は1972(昭和47)年より大阪の交通科学博物館に展示され、閉館に伴い、2016(平成28)年4月に津山市に開館したJR西日本の「津山まなびの鉄道館」に移され、展示されている。

〈左〉最終運行にあたり「蒸気機関車ご苦労さま」の飾り付けをしたD512。　稲沢第一機関区

〈上〉最終運行を前にファンに囲まれるD512。　稲沢第一機関区

笹島停車中にファンに囲まれるD512。蒸機ブームとはいえ、現在から見ればまだまだのんびりしていた。まだ、名古屋高速はなく、笹島方面の高層ビルも見られない。　笹島

清洲を通過するサヨナラ列車。 清洲

帰りの稲沢行きはD51815と重連になった。笹島の発車では、最後の蒸機列車とあって、見たこともないような盛大な煙を吐いて最後を飾った。 笹島

このページの写真はすべて
1971.4.25撮影

〈左〉稲沢操車場から笹島へは、稲沢線と呼ばれる貨物線を走る。稲沢線は、名古屋駅では新幹線ホームのすぐ脇を走っており、新幹線の車窓から見られる蒸気機関車として話題を呼んだ。この写真は、新幹線ホームから撮影している。　1970.11

〈下〉長大な編成を牽いて笹島を発車する。
　　　　　　　　　　　　　　　　1971.4.18

稲沢第一機関区の転車台に乗るD512が冬の西日に浮かび上がる。　1971.2.27

釣り客で賑わう佐屋川の釣堀の横を、穏やかな春の陽を浴びてのんびりと走っていく。　蟹江～永和　1971.4.18

永和を通過して弥富に向かう。　永和　1969.8.21

地上駅としては最も海抜が低い弥富を発車して、木曽川鉄橋への勾配を上る。晩秋の冷気に白煙が浮かび上がる。　弥富～長島　1970.11

〈上〉桑名を通過して、近鉄線と並行して町屋川の鉄橋に向かう。
　　　　　　　　　　　　　　　　　　　　　　　　　　1970.11
〈右〉木曽川と長良川にはさまれた長島を発車する。鉄橋に向かってはどちらも上り勾配となっており煙が期待できた。　　長島　1970.11

桑名を発車して、町屋川の鉄橋を渡る。この鉄橋は、複線化に伴い架け替えられている。　桑名〜富田　1971.4.18

富田を発車。終点四日市はもうすぐ。　富田　1971.4.18

東西の幹線から都市鉄道への転換

　名古屋の人々が、当時の国鉄に汽車のイメージを抱いてきたのは、近郊を結ぶ普通列車の本数の少なさが一因かもしれない。東海道線とて例外ではなく、新幹線開業後も貨物列車が多いことから、普通列車は時間あたり1～2本という寂しさで、行き先も静岡や沼津など長距離が主体だった。ようやく1971(昭和46)年4月に豊橋～岐阜間で4往復の快速列車の運転が始められ、翌1972(昭和47)年3月の改正で1時間間隔の運転となったが、時間あたり普通、快速が各1本ずつでは、並行して走る名鉄との差は否めなかった。

　当時の国鉄もこうした状況を鑑み、1980(昭和55)年に内部に研究会を設け、頻発運転の「国電型ダイヤ」への転換を表明して増発に取り組んだ。1984(昭和59)年2月のダイヤ改正で大府～大垣間は日中快速1本、普通3本の毎時4本に増加、さらに国鉄最後のダイヤ改正である1986(昭和61)年11月には、日中快速2本、普通4本の毎時6本運転に増加し、車両も

東海道線

1982(昭和57)年2月に快速用の117系、1986(昭和61)年11月には「シティライナー」の愛称で211系0番代が投入され、面目を一新した。

　一方、長距離の優等列車は、1975(昭和50)年3月の「高千穂・桜島」の廃止で昼間の客車急行が消え、さらに電車急行も1972(昭和47)年3月の急行「東海」、1984(昭和59)年2月には急行「比叡」と歴史ある列車が廃止となり、残るは夜行列車と関西から中央線に直通する列車だけとなった。その夜行列車も、1982(昭和57)年11月の特急「金星」廃止で名古屋始終着の列車が消え、2009(平成21)年3月の寝台特急「はやぶさ」「富士」の廃止により、客車寝台特急が消滅している。

　東海道線に関連するのが、名古屋～稲沢間で並行する貨物線(通称稲沢線)である。稲沢にある操車場に出入りする貨物列車のための路線で、関西線や笹島貨物駅に向かう列車が運転され、蒸気機関車が最後まで活躍していた。

名古屋と大阪を結んだ急行「比叡」。最盛期には4往復が運転されたが、1980(昭和55)年からはわずか1往復のみとなり、1984(昭和59)年2月に廃止となった。　　　　　　　　　　　岐阜～木曽川　1975.7.20

東海道線に最後まで残った昼行の
客車急行「高千穂・桜島」が庄内
川の鉄橋を渡る。
　　名古屋～枇杷島　1971.1.3

修学旅行用の159系も
普通列車に使用された。
枇杷島～清洲　1970.3

湘南型80系の長い編成で運行される普通列
車。運行本数は少なく、機関車牽引の客車列車
を電車に置き換えた形だった。東海道線の80系
は、1978（昭和53）年まで運行された。
　　　　　　　　　枇杷島～清洲　1970.3

長大な貨物を牽いて稲沢貨物線を走るD51873
牽引の貨物列車。　枇杷島～清洲　1970.3

D51重連で清洲駅の南を四日市に向けて走る貨物列車。　清洲～枇杷島　1970.9.13

貨物用機関車が配置されていた稲沢機関区。転車台の周りを大きな扇形庫が取り巻いていた。
1971.2.27

稲沢操車場では、大正生まれの9600形が入れ換えに活躍していた。9600形は1970(昭和45)年9月に引退した。
1971.5.16

東海地方と東京を結んだ急行「東海」。最盛期には7往復が運転されたが、1972(昭和47)年には名古屋地区から撤退し、東京〜静岡間の運転となった。 名古屋〜熱田 1972.3.11

東海道新幹線開業後の東海道線の長距離列車は、夜行寝台特急に移行した。最盛期には9本の寝台特急が運行していたが、2009(平成21)年の寝台特急「はやぶさ」「富士」を最後に客車寝台特急は消滅した。 名古屋〜熱田 1975.8

〈上〉大府駅の165系普通電車。1970.5
〈左〉笠寺に到着する80系の普通電車。
1970.6.21

マンモス貨物機EH10のシルエットが、田植え間もない田園に浮かび上がる。 共和〜大府 1970.6.28

高蔵寺ニュータウン開設で大きく変貌　中央線

　名古屋地区随一の通勤・通学路線として、朝夕ラッシュ時には長大編成の列車が頻発運転される中央線の変遷は、高蔵寺ニュータウンの開発を抜きには考えられない。春日井市東部の丘陵地帯に建設されたニュータウンは、大阪の千里、東京の多摩と並ぶ最初期の開発であり、沿線人口の急激な増加は中央線の改良を促した。1960年代に行われた複線化やそれに伴う庄内川・土岐川沿いの狭隘な路線の付け替え、そして1966(昭和41)年5月の名古屋〜多治見間電化(同年7月瑞浪、1968(昭和43)年8月に中津川に延伸)などにより、中央線名古屋口の輸送力は、急速に高まっていった。機関車が牽く長距離の客車列車主体の路線は、電車が頻発する都市近郊路線へと大きく変貌した。

　中央線の運行形態は、優等列車による信州方面、中津川までの都市間輸送、高蔵寺までの都市近郊輸送に大別できる。高蔵寺・釜戸までの区間列車を主とした近郊輸送には、1971(昭和46)年11月に72系が転入以来、4扉車も使用されてきたが、1999(平成11)年までに定期運用を外れ、現在は3扉車に統一されている。また、1985(昭和60)年3月まで美濃太田機関区の気動車を使用した列車もあった。

　中央線の運行を見る上で見逃せないのが、1968(昭和43)年8月に神領駅北側に開設された神領電車区である。中央線を運行する車両はもちろんのこと、名古屋を始終着とする北陸や九州方面の長距離電車の駐泊に使用され、回送や間合い使用で運行される交直両用電車などの珍しい車両を見ることができた。

1968(昭和43)年のダイヤ改正で登場し、中央線のクイーンとなった181系「しなの」。500PSの大出力機関を搭載し、1975(昭和50)年3月まで、大阪行きを含めて最大3往復が運転された。　鶴舞　1970.3

126

千早で100m道路の若宮大通と交差する。車両は381系「しなの」。
名古屋高速道路建設前で空が広い。　鶴舞〜千種　1979.6.10

1962(昭和37)年に完成した千種〜金山間の高架線を走り、金山に向かう381系「しなの」。わが国初の振り子電車として全線電化開業の1973(昭和48)年7月に運行を開始し、1996(平成8)年まで定期特急に使用された。　　　　鶴舞〜金山　1980.3.6

〈上〉鶴舞に到着する70系。3両目は元80系のサハ85100代。
　　70系は電化にあたり横須賀線や大阪緩行線から移り、
　　1978(昭和53)年12月まで活躍した。　鶴舞　1978.10
〈下〉名古屋始発の優等列車の回送や太多線からの直通を兼ね
　　て、朝ラッシュ時には美濃太田機関区の気動車を使った列
　　車があり、1985(昭和60)年3月まで運行された。
　　　　　　　　　　　　　　　　千種〜鶴舞　1979.12.6

127

〈上〉朝夕の輸送力列車には、東京から転入してきた4扉の72系や103系が使用された。
　　　　　　　　　　　　新守山〜大曽根　1980.3.2

〈下〉大曽根に到着する70系。3両目は一等車格下げ・三扉化改造のサハ75100代で、ゆったりした座席が魅力だった。　　　　　　　　大曽根　1978.1.21

名古屋発着の最後の客車列車となった急行「きそ」。当時は名古屋〜松本、長野間は夜行列車の活躍できる距離で、寝台車2両を組み込んでいる。1982(昭和57)年11月に寝台車を外し、車両を12系に置きかえた後、1985(昭和60)年3月に廃止された。「きそ6号」　新守山〜勝川　1982.8.5

〈左上〉1966年の電化開業に際して投入されたEF60初期型には暖房供給装置がなく、68年中津川電化時に電気暖房装置を搭載したEF64が投入されたが、客車側の整備が間に合わず、1969年春まで暖房車マヌ34を連結して対応した。　瑞浪　1969.2

〈左下〉1968（昭和43）年に開設された神領電車区で検査中の3枚窓のクハ86一次形。中央線ではなく、東海道線の普通列車に使用された。　1970.11.15

〈右上〉神領駅停車中のクハ68を先頭にした70系。短編成化に伴い、先頭車が足りないことから、クハ68が9両（1969年現在）、編成に組み込まれていた。　神領　1970.11.15

〈右下〉神領電車区で並ぶ左からモハ70系、特急「しらさぎ」用の481系、モハ80系。　1970.11.15

中津川電化後の中津川機関区。蒸気機関車D51、C12とEF64が並ぶ。　中津川　1971.6.20

C11が貨物輸送に活躍　武豊線

　武豊線は、東京と大阪を中山道経由で結ぶ東西幹線鉄道の建設計画にあわせ、その資材輸送を目的に1886(明治19)年3月に武豊～熱田間が開業した歴史を持つ、愛知県でもっとも古い鉄道である。その後、路線が海沿いの東海道経由に変更されると、大府で連絡する東海道線の支線となった。2015(平成27)年3月までは非電化のままで、沿線の都市化がゆっくりと進んだこともあって短編成の気動車で運行され、名古屋近郊とは思えない長閑な雰囲気を留めていた。

　客車列車の気動車化は1950年代後半に行われており、撮影時点で蒸気機関車は貨物列車に残るのみであった。機関車は稲沢第一機関区(1969(昭和44)年までは名古屋第一機関区)のC11で、武豊行きが正向、大府行きが逆向で牽引した。貨物を牽かない東海道線内は単機で回送されていた。蒸気機関車の最終運行は1970(昭和45)年6月30日で、その後はDE10に置き換えられた。

　同時期の気動車は3扉ロングシートの近郊用車両であるキハ30, 35系で、3～4連で運用されていた。

1970(昭和45)年6月30日に運行された蒸気機関車のさようなら列車。半田市鉄道資料館に保存されているC11265が牽引した。通常の運行と異なり、大府方面が正向として運転された。　東成岩

亀崎への築堤を登るキハ35系3連。衣浦大橋が遠望できる。現在は工業地帯になっている衣浦湾の沿岸には、まだ建物の姿は見られない。 亀崎～東浦 1970.5

築堤をのぼり亀崎に到着する貨物列車。信号機はまだ、腕木式である。 亀崎～東浦 1970.6.27

乙川を発車する貨物列車。駅の南にはため池が広がっていた。　乙川　1970.5.21

乙川を発車する武豊行きの貨物列車。機関車は武豊方向を向いて運転されていた。　乙川　1970.5

〈上〉大府駅でキハ35と並ぶ。　　　　　　　　　　1970.5.21
〈下〉半田駅で停車中のC11272。跨線橋は1910（明治43）年製で、
　　現在も現役として使用され、JRで最も古い跨線橋として知られる。
　　　　　　　　　　　　　　　　　　　　　　　　　1970.5

さようなら列車発車を前に武豊で給水中
のC11265。　　　　　　　　1970.6.30

133

半田を発車する貨物列車。牽引のC11272は砂箱が角型で、戦時設計の名残を留めていた。　半田　1970.5

名古屋本線を快走する850系。
呼続〜桜　1976.8.20

忘れえぬ車両達

ふたつの流線型車両　名鉄3400系と850系

　流線型車両が世界的なブームを巻き起こした1937(昭和12)年、名鉄にもふたつの流線型車両が登場した。外観から「いもむし」(あるいは流線)と称された、もと愛知電気鉄道の路線である東部線用の3400系と、幕板に3本の白線が入っていたことから「鯰(なまず)」と称された、もと名岐鉄道の路線である西部線用の850系である。

　3400系は、全面溶接や張り上げ屋根の採用、車体下部へのスカート取り付けなどによる優美な流線型の外観に加え、電力回生制動とそれを活かした定速制御機能を持ち、コロ軸受けの台車など当時の最新技術を採用した戦前の最優秀車両である。戦後は4両固定編成化され、名古屋本線の優等列車に活躍した。1967～68年にかけて重整備により、正面窓が連続窓となるなど外観が大きく変化し、塗装も上半分サーモンピンク、下半分マルーンから、ストロークリームに赤帯となった。塗装は他のAL車同様、1976年頃にスカーレット化されている。

　3400系は1988(昭和63)年に廃車となるが、歴史的価値があることからモ3401(3403から改番)編成が動態保存として残され、登場時の濃淡グリーンの塗色に復元し、冷房装置の取り付けも行われた。2002(平成14)年8月に廃車となり、モ3401は舞木検査場に保存されている。

　一方、850系は西部線の新鋭車であるモ800形の増備にあたり、先頭部分を流線型化したもので、2編成が製造された。運用は他のAL車と混用されていたため、撮影には運が必要であった。1979(昭和54)年に1編成が廃車となり、残る1編成は1988(昭和63)年まで使用された。

蒲郡線西浦で行き違う3400系(左)と850系(右)。　1980.12.7

車体の重整備により、外観と塗装が大きく変わった3400系。1976(昭和51)年頃は、本線の区間特急にも吊掛駆動のAL車が使用されていた。　堀田〜呼続　1976.8.20

豪雪の日、前面に雪を載せ、怪物のような形相となった850系。　西枇杷島　1981.2.27

朝日を浴びて河和線から太田川に到着する850系重連。　1979.11.12

運が良いと850系が顔を合わせた重連が見られることもあった。名古屋本線を走る850系重連。　国府宮～島氏永　1979.11.12

三河湾の美しい景色を眺めながら蒲郡線を走る。　東幡豆〜西幡豆　1979.10.28

〈上〉通勤ラッシュに運転されたAL車8連の輸送力列車の先頭に立つ850系。
　　　ナゴヤ球場前〜金山橋　1979.10.13

〈下〉金山橋で顔を並べた3400系(左)と850系(右)。　　　1981.8.30

憧れの前面展望車　名鉄パノラマカー

　運転士のように、電車の進む前方の景色を見られたら、どんなに楽しいだろう。そうした子どもたちの夢を叶えたのが、名鉄パノラマカーだった。運転台を2階にあげて実現したわが国初の前面展望構造、側面の連続窓、そして鮮やかなスカーレット一色の塗装も斬新だった。

　1961(昭和36)年に登場したパノラマカーは、最初、6両固定編成で豊橋〜岐阜間の特急に使用され、その後、好評に応えて4両編成も登場、前面に逆富士型の行先表示板を取り付けて支線区への乗り入れも行われるようになった。前面展望車のパノラマカーは、7000系が116両、その改良形で定速制御、低重心構造の7500系が72両の計188両に達して、文字通り名鉄のシンボルカーとなった。

　転換クロスシートの座席は座り心地も良く、快適で、座席指定の特急を経て、7000系4連の一部は1982(昭和57)年3月に白帯をまいて、特急専用車に改装された。しかし、2扉ではラッシュ時の輸送には適さず、3扉の通勤車両が増加してくると活躍の場は狭まり、さらに後継車の1000系「パノラマsuper」の登場などにより順次廃車が進んだ。まず構造が特殊な7500系が2005(平成17)年8月に、続いて7000系が2008(平成20)年12月に定期運用を離脱し、残った7011編成が2009(平成21)年8月30日の団体臨時電車の運行を最後に営業運転を終了した。

道路併用の犬山橋を渡る7000系の河和行急行。犬山橋は2000(平成12)年3月28日に電車専用となった。　　犬山遊園〜新鵜沼　1980.5.22

速度が表示されるスピードメーターは子ども達に大人気。当初はニキシー管を組み合わせて速度を表示した。　1971.1

夏の河和駅に並んだパノラマカー。海水浴輸送華やかりし頃で、次々とパノラマカーの座席指定特急が出発した。　河和　1977.8.23

国府駅に並ぶパノラマカー。左の白帯の特急は豊橋行、その右の2編成は豊川稲荷の初詣特急である。　国府　1983.1.9

141

名岐間の要、木曽川橋梁ですれ違う7500系の豊橋行と岐阜行急行。
木曽川堤〜東笠松　1981.8.30

新名古屋を出発し、市電の六反小学校前付近ですれ違う7000系(左)と7500系(右)。手前に名古屋市電2000型が見える。　新名古屋〜中日球場前　1972.2.12

前面の4灯と明るいフロントガラスがパノラマカーの存在を印象づける。　金山橋　1979.12

駅の照明に浮かび上がる7500系パノラマカー。前面展望席と連続窓が車内を明るく映し出す。　新鵜沼　1981.1.25

夕暮れに特徴的なシルエットが浮かび上
がる。 富士松〜一ツ木 1982.1.15

豪雪の日、フロントガラスまで雪を乗せた7000系。 西枇杷島 1981.2.27

刈り入れ中の田園が幾何学的な模様を見せる秋の尾張路を駆ける7000系白帯特急車。 国府宮〜島氏永 1982.11.8

MEMORY

■ちょっと珍しいパノラマカーのシーン

前面展望でないパノラマカー7500系。7500系は制御方式が異なることから、他の系列とは連結ができなかった。そこで、検査などの際に4連で運転できるよう、運転台をもった中間車が2両製造された。先頭に出た運転台付中間車のモ7665。　国府宮～島氏永　1989.5.28

パノラマカーにタブレット？　1982年まで正月の豊川線で見られた。豊川稲荷への初詣列車の増発で、本数が大幅に増えることから線区内は通票閉塞となるためで、パノラマカーもタブレットを抱えて運転した。　諏訪新道信号所　1982.2.11

一度だけ走った7000系白帯特急車の6連。第十二代市川團十郎の成田山へ襲名披露で運転された「團十郎号」で、通常4連の組成を組み替えて運行した。　東枇杷島～下小田井　1985.9.29

高山線を走った名鉄特急　キハ8000系

　国鉄線の特急でありながら、車両は名鉄のもので、外観も内装も異なっている。しかも準急で運転を開始し、急行を経て、特急まで昇格するという出世魚のような列車である。さらに行き先も日本を縦断し、国鉄線から飛び出して富山地方鉄道に乗り入れ、立山まで足を伸ばした。こんな異色な車両は名鉄キハ8000系だけであり、今後も生まれることはないだろう。

　キハ8000系は、飛騨方面の観光開発の進展に伴い、戦前にあった名鉄線から高山線への直通列車を再開する目的で新造され、1965(昭和40)年8月に準急「たかやま」として、神宮前〜高山間で運転が開始された。側面はパノラマカー譲りの連続窓として、当時は珍しかった冷房を完備しており、車内は転換クロスシートで編成には1等車(後のグリーン車)も組み込まれていて、デラックス準急と呼ばれた。翌1966(昭和41)年3月には、国鉄の制度改正に伴い急行に昇格している。

　1970(昭和45)年7月からは、立山・黒部アルペンルートを控える富山地方鉄道に乗り入れ、名称も「北アルプス」と変更して立山まで直通運転を開始し、これに備えて2エンジンのキハ8200形が増備された。さらに富山地鉄線内では、自社線内の「アルペン特急」にも使用され、宇奈月温泉まで足を伸ばした。

　「北アルプス」は、1976(昭和51)年10月のダイヤ改正で特急に昇格し、キハ82形で運転されていた「ひだ」と共に、高山線優等列車の一翼を担うことになった。特急化に伴い、前面は国鉄の特急車に準じた塗り分けに変更された。運転区間は1983(昭和58)年夏期間までが立山(冬期は飛騨古川)、1985(昭和60)年3月までが飛騨古川、1990(平成2)年3月までが富山、以降は高山までと時代によって変化した。国鉄がJRに変わり、特急「ひだ」がキハ85系に置き換えられると速度や設備が見劣りするようになり、同等の性能を持つキハ8500系の新造に伴い、キハ8000系の運行は1991(平成3)年3月15日限りで終了した。

特急化初日の祝賀マークを掲げた「北アルプス」。特急への塗装変更が間に合わず、2両目には急行色の車両が組み込まれている。　高山線飛騨金山〜焼石　1976.10.1

〈上〉急行「たかやま」時代のキハ8000系。
　　　　　　　　　　金山橋　1970.6.27
〈右〉急行「北アルプス」の運行初日。神宮前
　　に到着する祝賀列車。　1970.7.15

〈左〉飛騨古川で行き違う急行時代の「北アルプ
　　ス」。　　　　　高山線飛騨古川　1972.5
〈下〉「北アルプス」以外にも、朝夕には座席指定特
　　急として豊橋や犬山に向け運転され、夏の犬
　　山鵜飼シーズンには「犬山うかい号」の名称を
　　掲げた。　　　　　　岩倉〜石仏　1976.9.24

常願寺川にかかる高い鉄橋を渡り、立山に向かう急行「北アルプス」。 富山地方鉄道立山線有峰口～千垣　1975.11.8

富山地方鉄道立山駅到着後は、線内運行のアルペン特急として宇奈月温泉に向けて運転された。富山地鉄立山駅で名古屋から直通運転のキハ58系「むろどう」と並ぶ。　富山地方鉄道立山　1977.9.16

〈 左 〉高山線内でキハ82系の特急「ひだ」とすれ違う。
　　　　高山線中川辺　1984.4.15

〈左下〉一旦、廃止された富山への直通運転再開に伴い、祝
　　　賀看板が取り付けられた。　新名古屋　1985.3.14

〈 下 〉特急「北アルプス」の立山延長運転時は、高山線の
　　　打保で上下列車がすれ違った。立山乗り入れ10周
　　　年の祝賀看板をつけた神宮前行北アルプスが立山
　　　行とすれ違う。　　　　　　　　　　1980.7.15

春を迎え、立山への直通運転再開を祝い、祝賀看板をつ
けて富山に向かう。　高山線打保～坂上　1974.4.25

桜が満開の飛騨路を走る。　高山線焼石〜下呂　1982.4.11

雪深いの高山線を走る。スキー輸送にも活躍した。　高山線渚〜久々野　1981.1.24

新緑の飛騨路をいくつもの鉄橋を渡って高山に向かう。 高山線飛騨小坂〜渚　1984.5.20

孤高の気動車　キハ90系

　90代は試作車に与えられた形式称号で、キハ90系はそれまでの気動車の標準であったDMH17系機関の問題点であった勾配区間での力不足を解決するため、大出力の次世代用気動車標準機関を開発する目的で製造された試作気動車である。まず1966（昭和41）年にキハ90とキハ91が試作され、房総地区での試運転の後、500PSのDML30系機関の採用が決定した。そして、長期的に試験を行うと共に、新しい特急気動車のためのデータ収集を目的として、急行編成を組成して運転を行うことになり、翌年7月にキハ91形の量産試作車7両と一等付随車のキサロ90形3両が製造され、中央線で運転が行われた。

　キハ90系では、さまざまな新機軸も試みられた。制御方式は、電車と同じように主幹制御器で機関を制御する仕組みで、後の特急気動車に受け継がれた。また、外観にも意匠が凝らされ、屋根に載せられたいかめしい放熱器は勾配区間での強力さを印象づけ、視界を良くした運転台周りや3枚折戸の扉など、斬新な外観は気動車の新時代を予感させた。中でも試作車のキハ911と919（元キハ901の改造）はたれ目に見えるパノラミック・ウィンドウの運転台が印象的で、埋め込まれた前照灯やふくらみのある車体側面など、次世代気動車の先駆者としての意気込みを感じさせる存在感があった。

　中央線でのキハ90系は、急行「しなの」を経て、1968（昭和43）年10月にその成果を活かして開発されたキハ181系の特急「しなの」が運転されると、急行「きそ」として活躍した。1973（昭和48）年7月には中央線の電化によって高山線に転じて急行「のりくら」に活躍し、1976（昭和51）年9月にその役目を終えた。活躍期間は10年弱と短かったが、残した功績は大きく、忘れられない車両である。

パノラミック・ウィンドウが印象的な試作車キハ919を最後尾に名古屋に向かう急行「のりくら4号」。　尾張一宮　1976.5.29

〈上〉長編成で中央線を長野に向かう急行「きそ4号」。運転台下の箱は、在来車と併結した時に制御指令の交換を行う混結装置。
中央線坂下〜田立　1969.11.3

〈右〉高山駅で名鉄のキハ8000系、キハ58と並ぶ。今にして思えば、多彩な車両が見られた高山線は、まさに気動車天国であった。
高山線高山　1975.9

高山線に転じてからは、急行「のりくら」として高山まで運転された。
高山線下油井〜飛騨金山　1975.5

憧れの2階建て電車　近鉄ビスタカー

　名鉄のパノラマカーが前面展望なら、近鉄は車両を2階建てとして、眺望の良さを売りにした。名阪間で国鉄東海道線と競合する近鉄では、東海道線が全線電化し、さらに一世を風靡した20系（のちの151系）「こだま」が登場すると、対策に迫られる。そこで、狭軌であった名古屋線を標準軌に改軌して大阪まで直通運転ができるようにするとともに、これまでにない新しいコンセプトの特急車を製造した。それがわが国初の2階建て車両を組み込んだビスタカーである。

　まず、試作車としての10000系（ビスタカーⅠ世）が1958（昭和33）年に誕生し、翌1959（昭和34）年には、運用に柔軟性を高めるため、3両編成とした10100系（ビスタカーⅡ世）が製造された。10100系の先頭車には非貫通の流線型のものと貫通型の2種があり、宇治山田（名古屋）側非貫通の編成がA編成、大阪側非貫通の編成がB編成、両側とも非貫通の編成がC編成と呼ばれ、A，B編成が各5本、C編成が8本の計18編成54両が製造された。

　竣工後は近鉄を代表する車両として活躍してきたが、その後に製造された12000、12200系特急車と比べると設備が劣ることから、新たに2階建て特急車30000系（ビスタカーⅢ世）を新造することとして廃車されることになった。廃車を前に、最後の活躍として1978（昭和53）年春からA編成＋C編成＋B編成の3編成併結9連（ビスタカー 3重連）での運転が行われ、1979（昭和54）年夏に名古屋伊勢特急でさよなら運転が行われて姿を消した。

早生の稲穂が実る伊勢路を鳥羽に向けて快走するビスタカー3重連。　富洲原〜近鉄富田　1978.8.30

両端が貫通型のC編成を連結した名古屋行特急。　近鉄長島～近鉄弥富　1970.3.

1979(昭和54)年夏に運転されたビスタカーⅡ世のさよなら運転。明星検車区では、伊勢に向かうビスタカーⅢ世との出会いも見られた。　明星検車区　1979.8.5

揖斐・長良川鉄橋の西を名古屋に向けて最後の力走をするビスタカー3重連。 桑名〜近鉄長島 1978.8.30

〈上〉現在は高架化された伏屋〜戸田間を走るビスタカーB編成と10400系を連結した名古屋行特急。 1978.5.20

〈下〉朝明川に向けて築堤をかけあがるビスタカー3重連。
　　　伊勢朝日〜富洲原 1978.4.5

MEMORY

■ もうひとつの2階建て電車　20100系 あおぞら号

ビスタカーの人気を受け、子ども達にも2階建て電車に乗る機会をつくると共に着席数を多くすることを目的に、小学生を中心とした団体専用車両として1962(昭和37)年に製造された世界初の全2階建て電車が20100系「あおぞら号」である。中間車の1階部分に機器を集約し、両端電動車を2階建てとした3両で組成され、5編成15両が製造された。車内は、通路を挟んで片側を3人掛け、反対側を2人掛けのボックス席として収容力を高めていた。冷房装置がないことや老朽化に伴い、1989(平成元年)に事実上の運行を終了し、最後に残った1編成も1993(平成5)年12月の運転を最後に姿を消した。

地平時代の近鉄八田駅付近を走る「あおぞら号」。　近鉄八田付近　1970.7

美しい鳥羽湾の眺めが車窓に広がるあたり、ビスタカー3重連とあおぞら号6連の2階建て列車がすれ違う。　池の浦〜鳥羽　1978.7.27

近鉄の旧形車

　1970年代は、近鉄の歴史をつくった車両群が名古屋線の急行で運用され、最後の活躍をした時代であった。

　1959(昭和34)年まで狭軌であった名古屋線ゆかりの車両が6300、6400番代の形式称号をもち、17m級2扉の車体で吊掛駆動の電動車である。中でもモ6301形は、名古屋乗り入れを果たすため、経営破綻した伊勢電気鉄道(伊勢電)の路線を引き継いだ関西急行電鉄(関急)が1937(昭和12)年に製造したモハ1形で、その駿速と深緑色の塗装から「緑の弾丸」と称された。その増備車であるモ6311形、戦後の規格形車両であるモ6331形、特急車モ6401形などが、伊勢電由来の付随車などと共に5〜6連で急行に使用された。

　日本の長距離電車の嚆矢として、戦前の近鉄を代表する名車2200系も名古屋線で運行されていた。2200系には1930(昭和5)年製の旧形(モ2200〜26など)と1939(昭和14)年に増備された張り上げ屋根の新形(モ2227〜2246など)があり、33‰の勾配が続く急勾配路線を克服するため、150kwの大容量電動機を採用して高速運転を行ったことで名を馳せた。名古屋線では、戦後に製造された特急車モ2250系と共に急行で活躍した。

　しかし、急行用車両として2600系の新造が進むと、これら車両は急行運用から外れ、2200系は1976(昭和51)年までに廃車。名古屋線ゆかりの車両群も、養老線や伊賀線への転属などにより、1979(昭和54)年までに姿を消した。

元特急車のモ6401形2両が名古屋方についた旧形車6連の急行。　益生〜伊勢朝日　1973.1.3

戦後の規格形車両であるモ6331形を先頭にした旧形車5連の急行。 近鉄弥富〜近鉄長島 1973.1.3

地平時代の四日市駅で特殊狭軌（762mm軌間）線の内部・八王子線電車と並ぶ。大人と子供のような電車の大きさの対比が面白い。 近鉄四日市 1971.12.6

「緑の弾丸」モ6301形と戦後すぐに製造された3扉車のモ6261形を2編成連結した名古屋線の準急。全電動車の編成である。 益生〜伊勢朝日 1970.4.25

伊勢電との接続駅だった江戸橋を発車する2200系5連の急行。2202＋3013＋2240＋3007＋2229　江戸橋　1973.7.30

〈上〉名車モ2200形（旧）を最後尾に宇治山田に向かう20m車5連の急行。2206＋3103＋1401＋3001＋2234
　　　近鉄弥富〜近鉄長島　1973.1.3

〈右〉2扉のモ2200形（新）を先頭にした臨時急行が初詣客を乗せて伊勢神宮に向かう。　益生〜伊勢朝日　1973.1.3

名古屋市電 停留場めぐり

古出来町　1974.3.28

たばこ屋にお菓子や果物を売る小さな食料品店、喫茶店に写真屋など、市電の停留場の近くには、かならずこうした店が揃っていた。市電の乗客だけで商売が成り立つだけの停留場の利用者があり、それらの人々が地域のコミュニティを形成していたのだろう。路面電車は単なる輸送機関ではなく、人と人、人と地域をつなぐ大切な都市の装置でもあった。
　市電の写真といえば、特徴的な風景や建物などと共に撮影するのが一般的であるが、本書ではより乗客と路面電車の関係が近かった停留場に的を絞り、停留場の風景が入った写真で構成をしている。掲載しているのは、筆者が名古屋市電の撮影を本格的に始めた1970(昭和45)年段階で残っていた停留場155のうち、およそ3/4の119停留場である。
　車両やそれぞれの停留場については誌面の関係で紹介できないが、関心を持たれた方は、筆者が執筆した「名古屋市電」(ネコ・パブリッシング　RMライブラリー 170～172)、「名古屋の市電と街並み」(日本路面電車同好会名古屋支部編／トンボ出版)、停留場の歴史については「日本鉄道旅行地図帳7号東海編」(新潮社)をご覧いただきたい。
　下図は本書で紹介する停留場が掲載された1969(昭和44)年4月現在の運転系統図。同年2月20日に下之一色線(尾頭橋～築地口)間が廃止となった後のもので、この段階で路線長は最盛期の67%の72km、常時系統として17系統がボギー車316両、連接車17両で運行されていた。

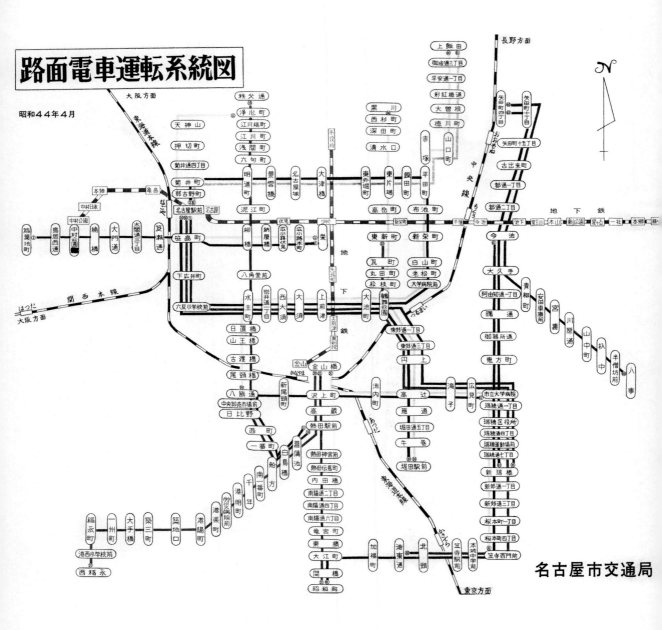

昭和44年度の運行系統一覧

系統番号	区　　間	距離(km)	運輸事務所	系統番号	区　　間	距離(km)	運輸事務所
2	栄～稲葉地町	5.8	稲葉地	34	黒川～堀田駅前	8.5	高辻
3	名古屋駅～新栄町～名古屋駅	11		35	名古屋駅前～新瑞橋	9.8	浄心
10	秩父通～熱田駅前	10	浄心	51	市立大学病院～熱田駅前	7.2	沢上
11	浄心町～栄	5.1		60	矢田町四丁目～八事	7.9	
20	金山橋～西稲永	9.1	沢上	61	今池～昭和町	12.3	大久手
21	金山橋～昭和町	7.3		63	矢田町四丁目～新瑞橋	8.7	
30	名古屋駅前～堀田駅前	8	浄心	80	上飯田～八熊通	10.4	上飯田
31	金山橋～笠寺西門前	8.3		81	名古屋駅前～上飯田	7.5	
33	東新町～港東通	11.5	高辻				

1969（昭和44）年に運行していた車両一覧

車種	型式	車号	車両数	製造年	車体長(mm)	車体幅(mm)	特　　徴
ボギー車	1150型	1151～70	20	1944～1948	13,000	2,334	木造ボギー車の台車機器を流用し、車体を新製。1953～55に台車を交換し低床化
	1300型	1301～04 12～16	9	1929	14,030	2,438	初期の半鋼製低床ボギー車で、全長、自重とも市電最大
	1400型	1401～75	75	1936～1942	12,325	2,334	汎太平洋博開催を機に当時の最新技術を結集して製造。曲線を多用した優美な外観で、後のデザインに影響を与えた
	1500型	1501～44	44	1949～1950	12,202	2,360	1400型を基本に、屋根を普通屋根にするなど、全体に簡略化した戦後設計車
	1550型	1551～62	12	1953～54	12,706	2,405	1800型と同一の車体であるが、直接制御方式で、台車など、従来同様の機器を用いた廉価版車両
	1600型	1601～76	76	1950～51	11,586	2,360	乗務員不足から1500型の設計を基本に2扉化
	1700型	1701～05	5	1950～51	11,665	2,360	製造途中で中止となった2700型連接車の鋼体を用い、手持ちの中古機器を流用してボギー車化
	1800型	1801～14	14	1953	12,706	2,404	初の無音電車で間接制御方式、電空併用のセルフラップ式で内拡式ドラムブレーキを採用
	1820型	1821～30	10	1954	12,706	2,404	1800型の改良版でワンハンドル制御、ドラムブレーキを採用、車体前面にスカートを取り付け
	1900型	1901～22	22	1953～56	12,706（1922は12,730）	2,404	駆動方式を吊掛式から直角カルダンに変更、車体全周にスカートを取り付け。1901は1815からの改番
	2000型	2001～29	29	1956～1958	12,730	2,404	無音電車群の完成型で、窓や扉、方向幕の大型化やZパンタの採用などにより、洗練された外観となった
連接車	2700型	2701～09	9	1946～48	18,000	2,334	戦時下の輸送力不足に対応するため、単車の部品を用いて計画された連接車。1953年に台車を新製して低床化
	3000型	3001～08	8	1944	18,000	2,334	戦時下の輸送力不足に対応するため製造された連接車。張り上げ屋根など1400型のデザインを受け継いでいる

1969（昭和44）年7月と1972（昭和47）年3月の車両配置

	配置年	稲葉地	浄心	沢上	高辻	大久手	上飯田
1150型	1969.7					1151～70	
	1972.3					1151～65	
1300型	1969.7		1312～16		1301～04		
1400型	1969.7			1401～29	1442～75	1430～37	1438～41
	1972.3			1401～07、09～22	1423～56		
1500型	1969.7					1501～30	1531～44
	1972.3				1528～30	1501～27	
1550型	1969.7	1558～62	1551～57				
	1972.3					1551～62	
1600型	1969.7	1671～76	1629～42	1653～60	1616～28	1601～15	1643～52 61～70
1700型	1969.7			1701～05			
1800型	1969.7	1801～14					
1820型	1969.7	1821～30					
1900型	1969.7			1901～22			
	1972.3			1910～15			
2000型	1969.7		2001～29				
2700型	1969.7		2701～09				
3000型	1969.7				3001～08		

※1969年7月はワンマン化改造が終了した時期、1972年3月は名古屋駅前などの路線が廃止となり、1974年の全線廃止時の路線だけが残った時期である

広小路通を走る

■稲葉地・浄心電車運輸事務所系統
運転系統：2（栄〜稲葉地町間）、11（栄〜笹島町間）

◆路線名：栄町線（栄〜笹島町）、中村線（笹島町〜稲葉地町）
◆停留場名：栄〜広小路本町〜広小路伏見〜納屋橋〜柳橋〜笹島町〜笈瀬通〜太閤通三丁目〜大門通〜楠橋〜中村公園〜鳥居西通〜稲葉地町

　名古屋随一の繁華街である栄から広小路通を走り、市街地西端で庄内川に近い稲葉地町までの区間である。栄から笹島町までは、名古屋電気鉄道によって1898(明治31)年5月6日に開業した区間で、わが国2番目の路面電車として走った歴史を持つ。地下鉄開業までは、市電最大のターミナルであった名古屋駅前から市東部への幹線であった。

　笹島の国鉄線豊太閤架道橋西から中村公園までは、不動産開発を目的に名古屋土地（後に中村電気軌道）が1913(大正2)年に開業した路線で、市営化と名古屋駅高架化に伴い1937(昭和12)年に名古屋市電の路線網に組み込まれた。1956(昭和31)年に延長された稲葉地町には、稲葉地電車運輸事務所があった。

〈上〉栄停留場から広小路通を西に望む。　1970.10.13
〈右下〉広小路本町　栄行きの1800型。金融機関の重厚なビルが多い。　1970.3.9
〈左下〉広小路本町　栄のビル街をバックに広小路本町に到着する2000型。　1971.1.30

広小路伏見　伏見通との交差点を東側から望む。　1970.10.13

〈左上〉広小路伏見　栄行き1800型。広小路通には柳の並木が続いていた。　1970.7

〈右上〉納屋橋　老舗の映画館・名宝劇場のある納屋橋に停車中の1800型。　1970.7

〈左下〉納屋橋　納屋橋を出て堀川を渡る。大きな広告塔が建てられていた。　1970.3.9

〈右下〉柳橋　西側から柳橋交差点方面を望む。　1970.7

笹島町　笹島交差点を東に向かう。名鉄バスターミナルビルの誘導路が目を奪う。　1971.1.30

〈左上〉中村公園　西側から中村公園を望む。シンボルの大鳥居が見える。　1971.3.9

〈上〉鳥居西通　終着稲葉地町に向かう1400型。　1971.12.29

〈左〉稲葉地町　西から望んだ稲葉地町終点。車庫への引き込み線が分岐している。　1970.3.10

環状系統を走る

■浄心・上飯田電車運輸事務所系統
　運転系統：3（名古屋駅前〜新栄町〜名古屋駅前間）、30（名古屋駅前〜鶴舞公園間）
　　　　　　35（名古屋駅前〜鶴舞公園間）、80（平田町〜水主町間）
　　　　　　81（名古屋駅前〜平田町間）

◆路線名：広井町線（名古屋駅前〜那古野町）、押切線（那古野町〜菊井町）、明道町線（菊井町〜明道町）、行幸線（明道町〜名古屋城）、片端線（名古屋城〜平田町）、葵町線（平田町〜新栄町）、公園線（新栄町〜上前津）、御黒門線（上前津〜大須）、岩井町線（大須〜水主町）、水主町延長線（水主町〜六反小学校前）、笹島線（六反小学校前〜名古屋駅前）

◆停留場名：名古屋駅前〜那古野町〜菊井町〜明道町〜景雲橋〜名古屋城〜大津橋〜東外堀町〜東片端〜飯田町〜平田町〜布池町〜新栄町〜白山町〜老松町〜大学病院前〜鶴舞公園〜大池町〜上前津〜大須〜西大須〜岩井通一丁目〜水主町（かこまち）〜六反小学校前〜下広井町〜笹島町〜名古屋駅前

　名古屋の環状線は、地下鉄名城線が最初といわれるが、市電時代には環状系統があった。名古屋駅前を出発し、丸の内の官庁街を走り、平田町から鶴舞公園に向けて南下し、大須を経て名古屋駅前に戻る3系統である。戦前から運行されている歴史ある系統で、中心市街地の縁を循環し、方向幕は鶴舞公園、大須、名古屋駅前を順次掲出していた。

　1970（昭和45）年4月の公園線と葵町線の廃止で環状運転はなくなったが、最後までワンマン車が運転されない系統であった。

　この環状系統の走った路線には、周辺部からの系統が合流し、市電最大のターミナルであった名古屋駅に向かっていた。

那古野町　名古屋駅前から那古野町方面を望む。　1972.1.22

〈上〉菊井町　菊井町で外堀通に曲がる。この付近は駄菓子の問屋街。浄心への11系統はまっすぐ北に向かう。
　　　　　　　　　　　　　　　　　　　　1971.1.24
〈下〉景雲橋　堀川を渡り、丸の内の官庁街に向かう。北側には名鉄瀬戸線の堀川駅があった。　1971.1.24

名古屋城 名古屋城の停留場付近からは、名古屋城が遠望できた。
1971.1.24

大津橋 県庁、市役所のすぐ南にあった大津橋。瀬戸線大津町駅への階段の脇には売店も見られる。
1971.1.24

東外堀町 瀬戸線が走っている外堀との間には建物が並んでいた。

東片端 老舗書店のある東片端を走る1500型。
1971.1.24

飯田町 江戸時代には武家屋敷がおかれていた飯田町のあたり。
1971.1.24

〈左〉**平田町** 外堀通から南に向きを変える。ここから大学病院前の間は葵町線が整備されたことから拡幅されず、昔ながらの雰囲気を留めていた。上飯田への80、81系統はここから北に向かう。
1969.12

〈下〉**布池町** 旧東区役所前を走る。東区役所は、1970（昭和45）年に現在地（筒井一丁目）に移転した。 1969.11.10

〈左上〉**新栄町** 広小路通と交差する新栄町。
1969.11.10

〈右上〉**白山町** 幹線道路から離れているため、昔の名古屋の町の佇まいが残っていた。道路が狭いため、安全島がなかった。 1969.11.10

〈左〉**老松町** 100m道路の若宮大通と交差する。
1969.11.10

大学病院前 名古屋大付属病院に近く、国鉄鶴舞駅北口の西に位置した。ここから鶴舞公園までは道路幅が広がる。　1970.3.9

鶴舞公園 東郊通の東郊線と交差し、高辻方面への渡り線もあった。ここで30、35系統が合流した。　1969.7

上前津 イオニア式柱の重厚な外観の三井銀行上前津支店はこの地のランドマーク。　1972.1.3

大須 戦前からの庶民の繁華街、大須へはここで下車。　1972.2.27

岩井通一丁目 熱田台地から堀川へ下る緩やかな勾配上に位置していた。　1971.9.12

六反小学校前　ここから名駅通に入り、名鉄・国鉄線と並行して名古屋駅に向かう。交差点南の道路上に住宅が並んでいる。　1972.1.16

〈上〉水主町（かこまち）　江川通を走る下江川線と交差する。
　　　　　　　　　　1972.1.22
〈右上〉下広井町　若宮大通と名駅通が合流する南側にあった。
　　　　　　　　　　1971.10.16

笹島町　広小路通との交差点に位置していた。　1972.1.16

173

市北部への路線

ここでは、環状系統である3系統の路線と市東部の環状線を除いた広小路通以北の路線を電車運輸事務所別に紹介する。

■浄心電車運輸事務所系統
運転系統：11（菊井町～浄心町間）
◆路線名：押切線（菊井町～押切町）、押切浄心連絡線（押切町～浄心町）
◆停留場名：菊井町～菊井通四丁目～押切町～天神山～浄心町

浄心にあった電車運輸事務所と名古屋駅を結ぶ路線で、名古屋駅前を起点とする系統にあてる車両の回送を兼ねて運行された。押切町までの区間は1901（明治34）年に栄町線に続いて開業した由緒ある路線で、押切町は1941（昭和16）年の新名古屋（現名鉄名古屋）駅開業まで、名鉄の前身のひとつである名古屋電気鉄道時代からの尾張郡部方面へのターミナルが置かれていた交通の拠点であった。

〈左〉菊井通四丁目　近くに高校があり、通学生が多く利用した。停留場には行灯はあるが、安全島は設けられていない。　　　　　1971.1.12

〈下〉押切町　戦前には尾張郡部方面への鉄道のターミナルが置かれていた。停留場の北側で道路と線路が蛇行していた。　1972.2.12

〈上〉天神山　浄心からの線路が南に曲がったところに位置していた。　1972.1.12

〈右〉浄心　交差点の西側に停留場があり、電車運輸事務所の前を回って車庫へ入出庫線が延びていた。　1972.1.2

運転系統：10（柳橋～秩父通間）

◆路線名：押切線（柳橋～泥江町）、上江川線（明道町～浄心町）、浄心延長線（浄心町～秩父通）
◆停留場名：柳橋～泥江町（ひじえちょう）～明道町～六句町～浅間町（せんげんちょう）～江川町～江川端町～浄心町～秩父通

　路線名の江川とは、堀川に並行して現在の道路の横を流れていた川の名前で、現在は暗渠となっている。道路上に名古屋高速6号都心環状線、清須線が建設されたため、ここに見られる風景も一変してしまった。

柳橋　停留場名は暗渠となっている江川に架かっていた橋の名前から。1941（昭和16）年の新名古屋（現名鉄名古屋）駅開業まで交差点北西に名古屋電気鉄道時代からのターミナルがあり、大型の鉄道線車両が路面電車の路線を通って尾張郡部の路線に運転されていた。
1971.1.30

〈上〉**泥江町**（ひじえちょう）　桜通との交差点で、現在、名古屋国際センターが建っている。ここから明道町まで狭い道路上を走っていた。　1971.3.13

〈左〉**明道町**　外堀通を走る行幸線と交差する。円頓寺商店街の最寄り停留場で、明道町線からの分岐線があり、名古屋港への50系統に使用されていた。　1971.1.24

六句町 拡幅された江川通の真中に停留場があった。　1971.3.13

浅間町（せんげんちょう）　伏見通と交差する。ここからは名古屋城が近い。　1971.3.13

江川端町　西図書館が近くにある。　1971.3.13

浄心町　交差点の西角に浄心電車運輸事務所があった。　1971.3.13

秩父通　1955（昭和30）年10月に開業した新しい停留場だった。　1971.3.13

■高辻電車運輸事務所系統
　運転系統：34（東新町〜黒川間）

◆路線名：高岳線（東新町〜清水口）、清水口延長線（清水口〜黒川）
◆停留場名：東新町〜高岳町〜東片端〜清水口〜深田町〜西杉町〜黒川

　名古屋空港や尾張各地への主要幹線である国道41号、通称空港線を走っていた。
現在は、名古屋高速1号楠線や都心環状線の建設により、風景が一変している。

東新町　正しい停留場名は「ひがししんまち」。栄から近いため、ここを始終着とする南部への系統（33系統）もあった。　1971.2.12

〈上〉東片端　停留場の北には樹齢300年を超えるクスノキがあり、ご神木として現在も道路上に残されている。　1971.3.16
〈左〉清水口　大曽根、上飯田方面への幹線だった高岳線を分岐する。熱田台地の北端に位置していることから、ここから北側の深田町にかけて急な勾配が続いていた。　1971.3.16

〈上・左〉深田町　清水町からの40‰の勾配を下ったところにあり、瀬戸線との平面交差の踏切があった。踏切の東は、瀬戸線の清水駅である。　1970.12.13

黒川　この先、城北学校前まで路線があったが、1967(昭和42)年2月に廃止されている。城北学校前までの開業は1960(昭和35)年2月で、わずか7年の営業だった。
1971.3.16

■上飯田電車運輸事務所系統
　運転系統：80、81（平田町～上飯田間）
◆路線名：山口町線（平田町～赤塚）、高岳線（赤塚～大曽根）、御成通線（大曽根～上飯田）
◆停留場名：平田町～赤塚～山口町～徳川町～大曽根～彩紅橋通～平安通一丁目～御成通三丁目～上飯田

　名古屋北の繁華街である大曽根や名鉄小牧線と接続する上飯田を結ぶ路線で、上飯田には電車運輸事務所が置かれていた。大曽根までは名古屋電気鉄道時代の1915（大正4）年に開業し、大曽根から上飯田までは戦時下の1944（昭和19）年に開業した歴史を持つ。

平田町　停留場は、交差点の北と西側にあった。北側の停留場は、50m幅に拡幅された国道19号（葵町線）上にあり、赤塚まで広い道路の真ん中を走っていた。　1971.1.24

赤塚　国道19号から東に折れて出来町通に移る。交差点の北東には神明社がある。　1971.1.24

山口町　出来町通から分かれて北に向かう。南には尾張徳川家の菩提寺の建中寺がある。　1971.1.24

徳川町　片山八幡社南に位置し、周囲は徳川美術館や徳川園のある落ち着いた雰囲気の文教地帯。　1970.1

〈左上〉大曽根　大曽根商店街の最寄り停留場。1965(昭和40)年9月まで、国鉄や名鉄大曽根駅西の東大曽根まで、大曽根線が分岐していた。南で名鉄瀬戸線と平面交差していた。　1971.1.31

〈 上 〉彩紅橋通　道路沿いにゆるやかなカーブを描く彩紅橋通。
　　　　　　　　　　　　　　　　　　　　　　　　　1970.12.13

〈 左 〉上飯田　名鉄小牧線に接続する上飯田。停留場周辺は道路沿いに商店街となっている。　1971.1.31

MEMORY

■名古屋まつりの花電車

市電が健在だった頃、毎年10月中旬に開催される「名古屋まつり」に協賛して運転される花電車は、造花と電球で装飾され、光り輝きながら動くアトラクションとして、多くの市民の人気を集めた。車体一面、造花で飾られた花電車は昼でも見応えがあったが、1両あたり60Wの電球1200〜1500個が輝く夜にはひときわ美しかった。周囲を明るく照らしながら近づいてくる花電車は遠くからでも識別でき、名古屋囃子を流しながら走行する様子は、当時、まだまだ暗かった町中で存在感にあふれていた。

花電車はまつりの期間中、約1週間にわたって運行された。運行車両は6両であったが、路線廃止に伴い、1970(昭和45)年には4両に減り、さらに1972(昭和47)年以降は3両となった。運行は、6両の場合は3両ずつ(4両の場合は2両)の2組に分けて全線くまなく行っているが、路線短縮に伴い1972、73(昭和47、48)年は3両1組になっていた。

広小路通では、郷土英傑行列の前などに装飾された車輌すべてが勢揃いして走る時もあり、それはまさにパレードと言うにふさわしい壮観な眺めだった。

花電車の時間は新聞で告知され、通過時間になると沿線には子ども達が集ってきた。　西町　1972.10

広小路通を4両続行で走る。
伏見通〜広小路本町　1970.10.13

夕暮れ時になると、いっそう輝きが増す。　名古屋駅前　1971.10.16

名古屋まつりにあわせ、市内各所でも秋祭りがおこなわれた。　青柳町　1972.10

栄の丸栄の前を4両で折り返す。広小路通では、装飾された
車両すべてが勢揃いして運転された。　栄　1970.10.13

電飾に彩られた花電車がもっとも映えるのは夜。まだ町中
の明るさに乏しかった当時、光り輝く花電車を見るために、
多くの市民が集まっている。　安田車庫前　1972.10

名古屋港への路線

　市電黎明期に名古屋港を目指して建設された築港線と、鉄道線の郡部線と築港線をつなぐ目的で建設された下江川線、そして東名古屋港への路線である大江線を紹介する。

■浄心電車運輸事務所系統
　　運転系統：10（柳橋～船方間）
◆路線名：下江川線（柳橋～船方）
◆停留場名：柳橋～八角堂前～水主町（かこまち）～日置橋～山王橋～古渡橋～尾頭橋～八熊通～中央卸売市場前～日比野～西町～一番町～船方

　堀川沿いに南に向かい、終点船方で築港線に接続する。1911（明治44）～1912（明治45）年と比較的早い時期に開業しているのは、郡部線と連絡して港からの石炭などの輸送を目論んだため。しかし、この構想は市の反対で具体化しなかった。停留場名に橋の名前が多いが、柳橋は暗渠となった江川、それ以外は堀川に架かっている橋の名前である。
　日比野までの区間は、名古屋高速都心環状線、高速4号東海線の建設で、風景が一変している。

八角堂前から柳橋方面を望む。　1971.3.13

八角堂前　若宮大通交差点の北にあった。　1971.3.13

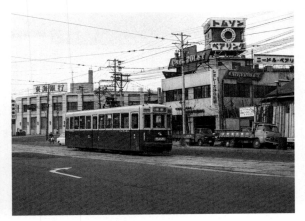

水主町（かこまち）　岩井町線と交差し、80系統が合流した。
　　　　　　　　　　　　　　　　　　　　1971.3.13

古渡橋　周辺には材木問屋が多かった。　1971.3.13

山王橋　山王通との交差点にあった。　1971.3.13

尾頭橋　佐屋街道上を走る下之一色線との乗り換え停留場だった。　1971.3.1

八熊通　八熊通を走る51系統が分岐する。　1971.11.20

〈左上〉**中央卸売市場前** 東側に名古屋市中央卸売市場があり、南側には白鳥貨物駅への貨物線との平面交差があった。　1974.2.15

〈 上 〉**日比野** 名古屋港へ短絡する野立築地口線を分岐した。
　　　　　　　　　　　　　　　　　　　　　　　　1971.7.16

〈 左 〉**西町** 車両の修理を行う西町工場への引き込み線が分岐する。道路が狭いため、安全島がなかった。　1971.11.20

船方 熱田駅と築地口の両方向に線路がつながっていた。写真は路線が分断された最末期の様子。後ろののこぎり型の屋根は愛知時計電機の工場。　1974.2.15

■沢上電車運輸事務所系統
運転系統：20（金山橋～西稲永間）、21（金山橋～熱田駅前間）

◆路線名：熱田線（金山橋～熱田駅前）、築港線（熱田駅前～築地口）、築地線（築地口～稲永町）、築地線支線（稲永町～西稲永）
◆停留場名：金山橋～沢上町～高蔵～熱田駅前～菖蒲池～白鳥橋～船方～南一番町～千年～港明町～労災病院前～港楽町～港陽町～築地口～築三町～大手橋～一州町～稲永町～港西小学校前～西稲永

　名古屋港への最初の路線である築港線をへて、名古屋港西部の入り口にあたる稲永を結んでいた。築地線は、下之一色への路線として築地電軌によって開業しており、築地口～築三町間の東臨港線と大手橋～一州町間の荒子川を跨ぐ区間に新設軌道が残っていた。

沢上町　八熊通を東西に走る八熊東線と交差し、金山橋方面から両方向への渡り線があった。交差点の南西角に沢上電車運輸事務所があった。　1971.11.29

〈右〉高蔵　すぐ東を走る東海道線、名鉄線と新堀川の間には工場が多く、通勤者が利用した。　1973.10.9
〈下〉菖蒲池　熱田駅前から伏見通を越えた西側に位置していた。　1971.3.4
〈右下〉白鳥橋　ここから堀川を渡る白鳥橋までは国道1号上を走る。国道1号にはロータリーがあった。　1971.7.16

船方 — 下江川線への分岐がある。広い道路の西側は一車線分だけ舗装されている。　1971.7.16

〈左上〉港明町　周辺は工場地帯。東側には住友軽金属工業名古屋製作所の建物が続く。　1971.7.16

〈 上 〉港楽町　このあたりから周囲には港周辺の住宅が多い。　1971.7.16

〈左下〉築地口　1969(昭和44)年2月以前の路線は名古屋港に向かっていたが、路線廃止に伴い、西稲永に直通できるよう付け替えられた。周辺には商店街が広がっていた。　1971.7.2

築三町 中川運河に架かるアーチ橋の中川橋を渡った西にあった。 1971.10.8

大手橋 道路に並行して、北側に中之島川が流れていた。 1971.6.19

〈下〉**一州町** 停留場の間に西臨港線と平面交差があった。大手橋との間の荒子川を跨ぐ区間は新設軌道になっていた。 1971.6.26

〈右〉**稲永町** 1969（昭和44）年2月の廃止まで、下之一色線が分岐していた。 1971.6.26

西稲永　名古屋港西部の拠点で、周囲には住宅が広がっていた。　1971.11.14

■沢上・大久手電車運輸事務所系統
　　運転系統：21（熱田駅前〜昭和町間）、61（大江町〜昭和町間）
◆路線名：熱田線（熱田駅前〜内田橋）、大江線（内田橋〜昭和町）
◆停留場名：熱田駅前〜熱田神宮前〜熱田伝馬町〜内田橋〜南陽通二丁目〜南陽通四丁目〜南陽通六丁目〜竜宮町〜東橋〜大江町〜開橋〜昭和町

　名古屋港東部の工場地帯に向かう路線で、内田橋〜南陽通六丁目までの区間は、1910（明治43）年に熱田電気軌道が堀川沿いに開業した路線を1941（昭和16）年までに付け替えている。開橋〜昭和町間は1961（昭和36）年12月1日に開業した名古屋市電最後の開業区間。名古屋市電で最後まで運転された路線のひとつで、沢上町〜大江町間は1974（昭和49）年2月に廃止されている。竜宮町〜昭和町間は、道路上に名古屋高速4号東海線が建設されている。

内田橋　内田橋北側のカーブを曲がって新堀川に架かる内田橋を渡る。停留場は橋の南にあった。　1973.10.9

南陽通二丁目　新幹線の交差の南で立体交差となっている東海通の下をくぐる。　1973.10.19

竜宮町　名四国道と立体交差した。後ろには大同特殊鋼の工場が広がる。　1973.7.26

東橋 山崎川の南に位置した。後ろの工場は東レの名古屋事業所。　1973.7.26

大江町 環状線との交差点で、今池からの61系統が合流する。名鉄築港線との平面交差や東名古屋港駅があった。　1973.10

開橋 大江川を渡る橋の北に位置していた。周囲は三菱重工業の工場。　1974.3.30

昭和町 名古屋市電で最も新しい停留場だった。周囲は東亞合成の工場。　1974.2.13

市東部の路線

浄心、高辻、大久手の電車運輸事務所が運行した路線で、名古屋市電で最後まで残った環状線と八熊通を走る路線に東郊線と八事線を加えて紹介する。

■浄心・高辻電車運輸事務所系統
運転系統：30（鶴舞公園〜堀田駅前間）、34（東新町〜堀田駅前間）、35（鶴舞公園〜高辻間）
◆路線名：高岳延長線（東新町〜鶴舞公園）、東郊線（鶴舞公園〜堀田駅前）
◆停留場名：東新町〜瓦町〜丸田町〜松枝町〜鶴舞公園〜東郊通一丁目〜東郊通三丁目〜円上〜高辻〜雁道〜堀田通五丁目〜牛巻〜堀田駅前

50m幅の東郊通（空港線）を走る路線で、現在は高速3号大高線の建設により、風景は一変している。市電が走っていた当時は、道路両側にグリーンベルトが設けられていた。

高辻には電車運輸事務所があり、31,33,34系統の運行を管理していた。

〈上〉東新町　東郊通を鶴舞公園に向けて走る。　1971.2.12
〈左〉瓦町　瓦町から東新町方面を望む。　1971.3.16

丸田町　100m道路の若宮大通の交差部分に停留場があった。　1972.1.20

鶴舞公園 鶴舞公園停留場から松枝町方面を望む。停留場へは歩道橋を渡る必要があった。 1971.10.16

東郊通一丁目 鶴舞公園の西南に位置し、愛知勤労会館の最寄り停留場だった。 1970.12.30

東郊通三丁目 東郊通と山王通の交差点のやや南に位置していた。 1970.7

円上 周囲は住宅街。 1972.1.20

高辻　八熊東線と交差し、南から沢上町方面と北から市立大学病院方面への渡り線があった。南東角には電車運輸事務所があった。　1970.7

雁道　東側に雁道商店街がある。　1971.3.16

牛巻　西に向かうと名鉄神宮前駅がある。　1972.1.27

堀田駅前　名鉄堀田駅前にあり、停留場へは歩道橋を使う必要があった。　1971.3.16

■浄心・沢上・高辻電車運輸事務所系統
運転系統：31（沢上町～市立大学病院間）、33（高辻～市立大学病院間）
35（高辻～市立大学病院間）、51（八熊通～市立大学病院間）
◆路線名：八熊東線（八熊通～高辻）、東郊線（高辻～滝子）、藤成線（滝子～市立大学病院）
◆停留場名：八熊通～新尾頭町～沢上町～池内町～高辻～滝子～広見町～市立大学病院

八熊通を東西に走る路線で、市東部の住宅街や学校と都心部や鉄道駅を結ぶ役割を担っていた。沢上町～市立大学病院間は、環状線の路線と共に、1974（昭和49）年3月の市電全廃まで残った路線である。

沢上町　大津通を南北に走る熱田線と交差していた。北側から31系統が走る熱田線からの分岐線が合流している。　1971.8.11

〈右〉高辻　北側から東郊通を走る33、35系統が合流した。この南には高辻電車運輸事務所があった。　1971.3.10
〈下〉広見町　近くには大学や高校があり、学生が多く利用した。
　　　　　　　　1970.9
〈右下〉市立大学病院　高辻方面の停留場は交差点の西側に位置していた。　1971.4.22

■ 大久手電車運輸事務所系統
　運転系統：60（矢田町四丁目～大久手間）
　　　　　　61（今池～大江町間）、63（矢田町四丁目～新瑞橋間）

◆路線名：循環北線（矢田町四丁目～矢田町十丁目）、循環東線（矢田町十丁目～新瑞橋）、笠寺線（新瑞橋～笠寺西門前）、笠寺延長線（笠寺西門前～笠寺駅前）、東臨港線（笠寺駅前～大江町）
◆停留場名：矢田町四丁目～矢田町十丁目～矢田町十五丁目～古出来町～都通一丁目～都通二丁目～今池～大久手～阿由知通一丁目～曙通～御器所通～恵方町～市立大学病院～瑞穂通一丁目～瑞穂区役所～瑞穂通四丁目～瑞穂運動場前～瑞穂通七丁目～新瑞橋～新郊通一丁目～新郊通三丁目～桜本町一丁目～桜本町四丁目～笠寺西門前～本城中学前～笠寺駅前～北頭～港東通～加福町～大江町

　名古屋東部の環状線を走る路線で、矢田町四丁目～市立大学病院間は1950(昭和25)年から53(昭和28)年にトロリーバス路線の付け替えにより開業した。環状線沿線に点在する学校への学生輸送や市南部の工場地帯への従業員輸送にバスより大量輸送が可能な軌道系交通機関の威力を発揮して、市電の全線廃止まで残った路線である。

矢田町四丁目　環状線上に停留場があり、国鉄中央線や名鉄瀬戸線の大曽根駅への乗り換えや南にある三菱電機工場の通勤客で賑わった。　1972.10

矢田町十丁目　環状線にあわせて南に90度向きを変える。
　　　　　　　　　　　　　　　　　1972.10

都通一丁目　東側に学校が点在し、学生が多く利用した。
　　　　　　　　　　　　　　　　1974.3.11

今池 広小路通との交差点の南北2箇所に停留場があった。地下鉄東山線への乗り換えや、名古屋東部の盛り場として多くの利用者があった。 1974.3.30

大久手 八事線が分岐する。今池方に大久手電車運輸事務所と操車場があった。 1970.10.13

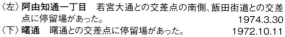

〈左〉**阿由知通一丁目** 若宮大通との交差点の南側、飯田街道との交差点に停留場があった。 1974.3.30
〈下〉**曙通** 曙通との交差点に停留場があった。 1972.10.11

197

御器所通 山王通との交差点に停留場があった。背景は昭和区役所。 1970.7.15

恵方町 周辺は住宅街。 1971.10.17

市立大学病院 環状線と八熊線の交差点で、朝のラッシュ時には学生を中心に多くの乗り換え客があった。 1970.7

瑞穂通一丁目 現在の名古屋市博物館の場所には1966(昭和41)年に移転するまで市立大学病院があり、停留場周辺は商店街になっている。 1971.5.18

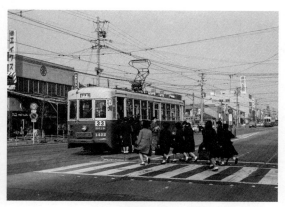

瑞穂区役所 周辺に高校や大学があり、学生の利用が多かった。 1971.10.24

瑞穂通四丁目 東側に女子高があり、女学生の利用が多かった。 1971.12.9

瑞穂運動場前 瑞穂運動場でのスポーツ大会に対応するため、運動場側に400mの引き込み線があり、大会開催日には各地から直通の貸し切り電車が運転された。 1971.10.19

新瑞橋 市南東部の拠点で、周辺には多くの商業施設がある。 1974.3.28

笠寺西門前　愛知四観音のひとつ、笠寺観音（笠覆寺）が東にあり、節分には多くの利用者があった。　1972.2.15

〈左上〉**本城中学前**　東側に名鉄名古屋本線との立体交差があった。
　1974.3.30

〈左下〉**港東通**　国道247号（知多街道）との交差点東にあり、北西に名鉄常滑線大江駅がある。交差点西側で名鉄常滑線を跨いでいた。
　1972.10.11

〈右上〉**笠寺駅前**　国道1号との交差点の東にあり、交差点西側で国鉄東海道線と新幹線を笠寺橋で跨いでいた。　1972.1.22

〈右下〉**加福町**　周辺は工場地帯で、北側には貯木場が広がっていた。名鉄築港線と併走しており、停留場西側には名古屋臨海鉄道との平面交差があった。　1971.7

運転系統：60（大久手〜八事間）
◆路線名：八事線
◆停留場名：大久手〜青柳町〜安田車庫前〜宮裏〜川原通〜山中町〜杁中（いりなか）〜半僧坊前〜八事

江戸時代からの名古屋の行楽地であった八事への足として、尾張電気軌道が1912（明治45）年に開業した路線を引き継いだ。八事霊園の開設に伴い、霊柩電車が運行されたこともある。沿線には学校が多く、名古屋東部の住宅地として、廃止時でも長閑な雰囲気を留めていた。

青柳町 安田通の狭い道路上に停留場があり、安全島が無く、道路上から直接乗降した。 1974.3.30

〈上〉**安田車庫前** 大久手電車運輸事務所の車庫として、南側に安田車庫があった。 1971.3.18
〈右〉**川原通** 安田通と川原通の交差点に停留場があった。 1971.2

山中町　山王通と安田通、飯田街道(国道153号)が合流する交差点に位置し、交通が輻輳した。　1971.2

杁中(いりなか)　周辺には大学や高校が多く、学生の利用が多かった。　1970.7

半僧坊前　道路が狭いため安全島が無く、道路上から乗降した。停留場近くには田園や池があり、長閑な雰囲気がただよっていた。　1970.7

八事　停留場の北側は古刹で五重塔もある八事山興正寺。1968(昭和43)年1月に道路を拡幅して停留場が道路上に移設される前は、道路から入り込んだところにあり、新設軌道で鉄道駅の雰囲気があった。　1970.12.24

MEMORY

■名古屋市電　最後の日

　最盛期の1961（昭和36）年には、107kmの路線を27系統、415両の車両で運行していた名古屋市電も、地下鉄建設と引き替えに路線を減らし、最後まで残ったのは市東部の環状線を走る矢田町四丁目から今池を経て昭和町までと金山橋から市立大学病院まで、あわせて19.8kmであった。これら路線は1974（昭和49）年3月30日で営業を終了し、翌31日は謝恩として、10時から15時まで運賃無料の「お名残無料運転」がおこなわれた。

　お名残無料運転には、車体前面と側面を装飾した1416、1503、1555の3両を含め45両が運行し、7万3千人の市民が乗車して別れを惜しんだ。そして、14時から金山橋、矢田町四丁目、昭和町の3カ所でサヨナラ式が行われ、3両の電車は15時過ぎに市立大学病院に集結。高辻車庫に回送して入庫し、76年にわたり市民の足として活躍した市電の歴史が終わった。（写真はいずれも1974.3.31撮影）

大久手で名残を惜しむ市民に取り囲まれる装飾電車1503。

港東通で行き違う装飾電車の1416（右）と1555（左）。

本城中学前でパノラマカーとの最後の出会い。

「長年のご愛乗ありがとうございました」の装飾をした1503。　　　大久手

同1555　恵方町

新瑞橋付近を走る装飾電車。

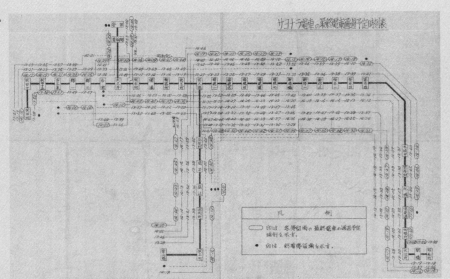

サヨナラ電車の運行時刻表。

金山橋で行われたサヨナラ式。金山橋を発車するサヨナラ電車は道路上を埋めた多くの市民に見送られた。

あとがき

これまで撮りためた写真で、名古屋の街や鉄道の変化が一目でわかるような写真集ができないだろうか…こんなことを思い始めたのは、フィルムスキャナを購入し、撮影したポジやネガフィルムのデジタル化を始めた2009年頃であった。高校生の頃に名古屋市電や蒸気機関車の廃止があり、無我夢中でそれらを撮影してまわっていた。大学時代は名古屋を一時的に離れたものの、社会人になってからは、意識して名古屋周辺の鉄道沿線風景を撮影していた。一人での撮影ゆえ、記録写真としての限界はあるが、写真に一貫性がでて、撮影者の狙いが明確に打ち出せるのではないか。

フィルムのデジタル化は時間を見つけて積極的に進めており、本書発刊の段階で10万コマを超えて、撮影した全てのカットのデジタル化も視野にはいってきた。幸いことに撮影したフィルムは、保存の大問題となっているビネガー・シンドロームという加水分解現象でのフィルムベースの変形を免れており、ポジフィルムの退色もほとんど見られなかった。このため、デジタル化への支障はなく、それによって得られたデータはすべてA4サイズに拡大できるだけのクオリティを備えている。デジタル化により写真の選択は格段に楽になったが、さすがに過去の写真は未熟さが目立ち、何度も挫折しそうになって、本格的に作業を始めたのは退職して時間ができた2年前からであった。

本書に掲載しているのは、デジタル化したうち、1985(昭和60)年ころまでに撮影した写真である。鉄道趣味としての撮影だけに車両中心の写真も少なくないが、風景を入れ込んだ写真も狙って撮影している。鉄道はそれぞれの地域に根付いているだけに、その特徴を表現しようと思えば、いかに写真に地域性を取り込むかが鍵となる。これらの写真を撮影した頃は鉄道や街が大きく変わりつつあっただけに、車両だけではなく、その様子を少しでも記録にとどめておこう、という意思が働いていたのだろう。

写真を撮り始めた高校生の頃に、名古屋市電の廃止が進められていった。カメラを構えながら、しっかりと市電と対峙したことで、その後、鉄道のあり方を考える上での大きな示唆を受けた。道路の真ん中をのんびり走る路面電車は過去の乗り物で、消え去るのは時代の趨勢という論調の中で、道路から直接乗れて使いやすい路面電車の特徴を活かし、高性能の車両を入れて自動車に邪魔されない

ように走れるようにすれば、都市の交通機関として十分に機能するのではないか…廃止を前に、最後の活躍をする市電を見ながら、こうした疑問がぬぐいきれなかった。社会人となり、鉄道会社に職を得たことで、より多面的に都市と交通のあるべき関係を考えるようになっていった。

この疑問に回答を与えるかのように、1980年代以降、人が集う賑やかなまちづくりを支援する仕掛けとして、LRT (Light Rail Transit)という言葉とともに世界中で路面電車の再評価が進められていった。過度のモータリゼーションへの反省から、LRTを活かしたまちづくりを進める都市がどんどん増えている。新しくLRTを整備した都市は2015年末で162に達しており、近年はそれら都市を訪れ、先進的な都市交通政策に刺激を受け、その情報をさまざまな機会を通じて発信することに注力している。本書の写真は、まさにそうした現在の活動の原点といえるものである。

これら海外の都市を訪れて感じる共通の思想は、まちづくりの本質は歩行者の重視にあり、それを実現するため、自動車に代わって公共交通の整備を積極的に進めていることにある。鉄道をはじめとする公共交通の使いやすさと都市のにぎわいは、まさに表裏一体の関係であろう。本書の写真を撮影した1970年代の公共交通が現代に比べて便利であったかどうかの評価は難しいが、少なくとも路面電車やバスなどの路面公共交通は今よりも本数が多くて使いやすかったし、自動車への依存度が低かった分、生活に密着していて、人々の暮らしを育んでいたことは間違いない。そして、街も現在よりも人が歩いていて、活気があった。拙い写真ではあるが、本書を郷愁の対象として見るだけでなく、これら写真を通して都市と交通のあり方を考えるきっかけとしていただければ、それにまさる喜びはない。

今回の原稿を纏めるにあたり、写真説明などの考証に筆者の所属する鉄道資料の保存を目的に設立されたNPO法人名古屋レール・アーカイブスの方々から多大のご助言を、また、名鉄資料館には、筆者が名古屋鉄道時代に撮影した写真の使用にご許可をいただきました。出版にあたってデザインなど全体の進行管理には、筆者が常々ご指導を仰いでいる福田静二様の手を煩わせ、トンボ出版の梅田貞夫様には、写真集の構想を話してから、実現まで辛抱強くお待ちいただききました。これら諸賢のご支援にこの場を借りてお礼を申し上げます。

平成28年6月　　　　　　　　　　　　服 部 重 敬

プロフィール

服部重敬（はっとりしげのり）

1954年名古屋市生まれ。1980年代にまちづくりにおける軌道系交通のあり方に関心を持ち、世界の都市交通の調査・研究を進め、次世代型路面電車（LRT）の動向を中心に、執筆、講演などを通じて各方面に情報を発信している。鉄道写真では、蒸気機関車末期の1975（昭和50）年頃に、当時の鉄道ファンの登竜門であった鉄道ピクトリアル誌の鉄道写真コンクールで特選を連続3回（19〜21回）して受賞するなど高い評価を受けており、現在もグラフ誌などに寄稿している。

日本交通学会、NPO法人名古屋レール・アーカイブス、日本路面電車同好会、海外鉄道研究会等会員。主な著書に「名古屋市電」（ネコ・パブリッシング/鉄道友の会「2014年島秀雄記念優秀著作賞」受賞）、「路面電車新時代—LRTへの軌跡」（編著、山海堂）、「LRT」（共著、成山堂）、「世界のLRT」（共著、JTBパブリッシング）、「都市と路面公共交通—欧米に見る交通政策と施設」（共著、学芸出版社）などがある。

主要参考文献

「国鉄名古屋駅百年史」名古屋駅 昭和62年
「鉄道と街・名古屋駅」大野一英ほか 大正出版 1986年
「東海地方の鉄道敷設史Ⅰ、Ⅲ」井戸田弘 平成14、20年
「名古屋鉄道百年史」名古屋鉄道 平成6年
「名古屋を走って77年」名古屋市交通局 昭和49年
「風雪50年」毎日新聞中部本社 2003年
「交通事業成績調書」名古屋市交通局
「名古屋市電上、中、下」服部重敬 ネコ・パブリシング 2013年
「名古屋の市電と街並み」日本路面電車同好会名古屋支部 トンボ出版 1997年
「日本鉄道旅行地図帳7号東海」新潮社 平成20年
「日本鉄道旅行歴史地図帳7号東海・8号近畿」新潮社 平成22年
「時刻表」各号 JTB
「鉄道ファン」各号 交友社
「鉄道ピクトリアル」各号 電気車研究会

◎写真・編集・執筆
　　服部重敬

◎編集協力
　　福田静二

◎デザイン
　　福本幸男（ケーアンドティ）

汽車・電車・市電　昭和の名古屋　鉄道風景
　　　　　© 服部重敬

2016年7月20日　初版発行

編 著 者　　服 部 重 敬

- -

印 刷 所　　㈱NPCコーポレーション
製　　本　　平 井 製 本

- -

発 行 所　　ト ン ボ 出 版
　　　　　　大阪市中央区森ノ宮中央2−3−11
　　　　　　　電話 06−6768−2461
　　　　　　　FAX 06−6768−2462

ISBN978-4-88716-133-7
Email:office@tombow-shuppan.co.jp
http://www.tombow-shuppan.co.jp/